初中英语课堂教学
常见问题研究

惠冰清◎编著

辽宁师范大学出版社

·大 连·

图书在版编目(CIP)数据

初中英语课堂教学常见问题研究 / 惠冰清编著. --
大连 : 辽宁师范大学出版社, 2023.10
ISBN 978-7-5652-4165-9

Ⅰ.①初… Ⅱ.①惠… Ⅲ.①英语课 – 课堂教学 – 教
学研究 – 初中 Ⅳ.①G633.412

中国国家版本馆CIP数据核字(2023)第190613号

CHUZHONG YINGYU KETANG JIAOXUE CHANGJIAN WENTI YANJIU

初 中 英 语 课 堂 教 学 常 见 问 题 研 究

出 版 人：王　星
责任编辑：陈伟荣
责任校对：石丽莉　侯景芳
装帧设计：周　飞　宇雯静

出 版 者：辽宁师范大学出版社
地　　址：大连市黄河路850号
网　　址：http://www.lnnup.net
　　　　　http://www.press.lnnu.edu.cn
邮　　编：116029
营销电话：（0411）82159127　82159912　82159913
印 刷 者：大连丽彩数字印刷有限公司
发 行 者：辽宁师范大学出版社

幅面尺寸：170 mm × 230 mm
印　　张：12.5
字　　数：200千字

出版时间：2023 年 10 月第 1 版
印刷时间：2023 年 10 月第 1 次印刷
书　　号：ISBN 978-7-5652-4165-9

定　　价：52.80元

前言

英语是一门语言类学科，具有基础性、工具性和人文性的特点，加强该学科的学习可以为学生今后的发展打下基础。《义务教育英语课程标准（2022年版）》（以下简称《新课标》）对义务教育阶段英语课程标准进行了重新定义，以科学发展观和先进的外语课程理念为指导，综合考虑目前英语教育的发展现状，从义务教育阶段起，建立一个以学生发展为本的、系统而持续渐进的英语课程体系。《新课标》提出英语教学需要贯彻的课程理念：发挥核心素养的统领作用，构建基于分级体系的课程结构，以主题为引领选择和组织课程内容，践行学思结合、用创为本的英语学习活动观，注重"教—学—评"一体化设计，推进信息技术与英语教学的深度融合。《新课标》为新时期的英语教学工作指明了发展方向，英语教学工作者需要以贯彻《新课标》为出发点，在深化对《新课标》内容认知的基础上，强化自身的创新意识与创新能力，积极开展教学创新实践活动，使英语教学工作能够与时俱进，英语教学成效能够有效提升。在此背景下，初中英语课堂教学面临着许多挑战。为了更好地适应这一变化，教师需要关注课堂教学的各个环节，以提高教学质量和学生的学习效果。

首先，在《新课标》背景下，初中英语典型课型问题研究显得尤为重要。教师应关注不同课型的特点，如听说课、阅读课、写作课等，并针对不同课型采用相应的教学策略。例如，在听说课上，教师应注重培养学生的口语表达能力，通过角色扮演、小组讨论等形式让学生积极参与；在阅读课上，教师应引导学生通过阅读理解文章内容，学会运用阅读策略解答问题；在写作课上，教师应教授写作技巧，并鼓励学生进行创意表达。此外，课堂提问是课堂教学的重要环节，能够激发学生的思维，提高学生的参与度。教师在设计问题时应关注问题的质量，尽量避免简单的事实性问题，多设计一些开放性、思考性的问题。此外，教师还应注意引导学生参与课堂的方式，如采用小组竞赛、小组合作等方式，让学生在轻松愉快的氛围中进行思考和讨论。

其次，在《新课标》背景下，初中英语差异教学研究也成为关注的焦点。教师应关注学生的个体差异，如学习兴趣、学习风格、学习能力等，并采用相应的教学策略。例如：对于学习兴趣浓厚的学生，教师可以多设计一些实践活动，让他们在实践中提高英语能力；对于学习较为被动的学生，教师可以通过合作学习等方式，激发他们的学习积极性。此外，教学反思是教师专业成长的重要途径。初中英语课堂教学反思研究要求教师在教学实践中不断对自己的教学行为进行审视和反思，以提高教学水平。教师可以通过写教学日志、参加教研活动等方式进行教学反思，不断调整和改进自己的教学方法。

最后，在《新课标》背景下，学习评价作为教学过程中的重要环节，对于学生的学习成果具有重要的反馈作用。初中英语学习评价研究要求教师关注学生的全面发展，采用多元化的评价方式。除了传统的笔试外，教师还可以通过课堂表现、实践活动、小组讨论等方式评价学生的英语能力。总之，初中英语课堂教学研究需要关注多个方面，以提高教学质量和学生的学习效果。只有这样，才能真正实现《新课标》所倡导的素质教育。

本书旨在以《新课标》为背景对初中英语课堂教学常见问题进行研究，从而提高学生的英语核心素养，提升英语教师的教学能力，力争使英语教师在现有的专业知识和经验基础上，获得对口语、词汇、语法教学以及与英语教学相关因素的基本了解，从而使英语教师的理论知识、实践知识和个人经验有机结合，以便在初中英语课堂教学中有效落实核心素养的教育目标。

本书在编写过程中，参阅并引用了国内外学者的有关著作和论述，并从中受到启迪，特向他们表示诚挚的谢意。

书中难免有疏漏不妥之处，恳请广大读者在使用本书的过程中提出宝贵意见和建议。

目　录

第一章　初中英语典型课型问题研究

第一节　词汇教学中的问题与对策

一、要重视词汇教学

词汇维系着语音和语法，是语言的建筑基石。在外语学习中，一个人即使掌握了大量的语音和语法规则，倘若没有积累一定的词汇量，也无法有效地交际。许多语言学家及语言教学工作者都强调词汇教学在外语教学中的重要性。

语言学家 Harley 曾说过，词汇是语言的要素之一，它对人类交流及语言学习至关重要。语法是抽象的，是从词汇的运用中概括出来的，词汇是语法的载体。可见，词汇中既有语音信息，也有语法信息，而语法本身又承载语义，因为语义不能通过语音或语音以外的东西直接表达出来，它需要通过语法和词汇这个中间层次得以表达。所以说，在整个语言结构中，词汇是语音、语义和语法三者的结合体。

词汇量是语言交际能力的重要组成部分，是学习者外语水平高低的重要表现。词汇所包含的信息远远超过语言的其他成分，因此词汇教学也应成为外语教学的核心。许多研究证明，外语学习者常常发现，他们学习外语最大的困难来自对词汇的理解和使用，绝大多数错误都与词汇相关。词汇是语言系统中学习者最

1

难掌握的部分。随着学习者外语能力的提高，语法带来的困难会越来越少，更多的困难来自词汇。

词汇量大小不仅影响一个人的听力理解、阅读理解能力，也影响他的口语和书面表达能力。所以词汇学习既是英语学习的重要甚至核心内容，又是英语学习的主要障碍。

二、词汇教学的难度

词汇教学是英语教学的重要组成部分，也是英语课堂教学的重要内容。要帮助学生在初中阶段打好学习英语的基础，面临的重要问题就是如何帮助学生掌握各单元的词汇。但是，英语词汇量大且形式多样让学生望而却步，于是词汇成了学生学习英语最大的"拦路虎"。具体表现如下：

1. 拼读关难过

一些学生没有很好地掌握英语的拼读规则，他们记忆单词的方法是一个字母、一个字母地背，既费力，效率又低；有的甚至用标注汉字的方法来给英语单词"注音"。他们学完 26 个字母之后，又要花很大精力、很长时间来学习那些发音拗口的英语词汇。

2. 书写关难过

基础的、关键的"音"没有搞清楚，必然在很大程度上影响"形"的把握，即学生很难正确地书写出完整的单词，或对单词的认识似是而非，把此单词写成了彼单词。久而久之，他们就会对英语失去兴趣。

三、词汇教学的效果

初中英语词汇教学是英语教学中非常重要的一部分，它直接影响学生的英语水平和交流能力。而词汇教学效果则是评判一名英语教师教学质量的重要指标之一。初中英语词汇教学效果的提高需要教师有明确的目标、多种有效的教学方法以及及时的反馈和评估措施。英语教师只有在这些方面做好，才能有效提高学生的词汇水平和交流能力。

众多研究表明，由于词汇学习本身的难度、教师在教学中没有注重单词的发音和拼写以及汉语负迁移的影响等因素，中学生的词汇错误问题相当严重。中学生的拼写错误中约一半以上与发音错误有关，其中因辅音错误造成的拼写错误要比因元音错误造成的错误严重，集中表现在尾辅音、双写辅音字母和辅音连缀这三个方面。此外，不发音的字母和弱读字母也较易导致拼写错误。

笔者有时在翻阅一些教案时不难发现一些以词汇教学为主的课时，虽然词汇教学是重点，但是使人产生如下疑问：

·教师实际教了哪些词汇？

·教师教了词汇的哪些方面？

·教师是怎样教词汇的？

·学生学习了哪些词汇？

·教师是如何检验词汇教学效果的？

在这些教案中，笔者很难找到针对上述问题的令人满意的答案。

从宏观角度来看，词汇教学并非仅仅涉及单个的词语。词汇教学离不开词汇的语用意义及其与语境的关系。词汇的发展不只是一个量的问题，词汇知识可能在不同的学习阶段从浅层次发展至深层次。词汇学习也不只是熟悉新词，它还包括深化已知词的知识。词汇知识的深度和词汇量同等重要。

从微观角度来看，词汇学习的基本要素是音、形、义。很多学生由于发音上存在问题和困难，如对重音、连读和弱读等规律不清楚，因而在用英语交流时无法正确判断和理解他人的话，更不用说为他人所理解了。

从教学的角度来看，我们通常将词汇分为认知型词汇、活用型词汇及核心词汇。这样的界定方法可以使学生知道在某一阶段哪些词汇应优先学习并运用，哪些词汇只需懂得它们在文章中的意义即可，从而可以使学生比较牢固地掌握好核心词汇，同时有助于扩大词汇量。

有些教师所谓的"词汇教学"让学生无所适从。他们只注重语音、语法和句型的教学，对这些知识反复讲解，反复操练，而对词汇教学不够重视，认为词汇并不需要教学，只要教会学生去读单词和理解单词的意思，课后让学生自己去背单词，然后给学生听写就可以了。

教师对词汇教学的不重视也导致学生忽视词汇学习，不愿花时间在词汇学习和积累上，只是考试前突击一下，抱着侥幸的心理应试，考完之后也忘得差不多了。死记硬背的机械式学习导致学生发音不准，拼写出错，不会合理运用词汇，换个场合和搭配就不会使用了。他们在听说训练时常因不认识单词而听不明白、说不好英语；阅读过程中遇到生词时就无计可施，不会运用词汇知识去猜测词义，有的甚至查了词典也弄不懂词义，这样既影响阅读速度，又影响理解。出现以上种种情况，不是因为学生刚刚学习英语就失去了兴趣，而是由于教师开始英语教学时在词汇教学方面没有给予应有的重视，导致学生找不到正确的学习方法，对英语学习丧失了信心，也失去了兴趣。

四、专家眼中的词汇教学

著名语言学家 Ronald Carter (2001) 在谈到词汇学习研究时说过这样的话："Over many years a key question asked by teachers and researchers is 'What does it mean to learn a word?' A definition of learning a word depends crucially on what we mean by a word, but it also depends crucially on how a word is remembered, over what period of time and in what circumstances it can be recalled and whether learning a word also means that it is always retained." 根据他的逻辑思路可知，对于"什么是词汇教学"，首先要弄清楚的问题是"什么是词汇学习"。而要知道什么是词汇学习，关键是要回答"什么是词汇""人们是怎样记忆词汇的""学习词汇需要经过多长时间""在什么情况下回忆一个单词"以及"是否学习了一个单词就意味着永远记住了这个单词"等问题。

第一个问题：什么是词汇?

Penny Ur (1996) 给了我们一个可操作的解释：我们可以将词汇粗略地定义为

我们所教的一个个单词。但是，词汇中有些条目，如 post office、mother-in-law、call it a day 等，不是由一个单词组成的，而是由两个、三个或多个单词组成的。我们不能依据条目的构成成分分析出它们的语义。所以有意义的定义应该包括这些条目，最好用词汇条目而不是单词来定义。因此，词汇教学要教和学的就是这样一些词汇条目。

第二个问题：学习词汇应该学什么？

Craik 和 Lockhart (1972) 认为，不同层次上的词汇加工对于词汇学习是十分关键的因素。所谓不同层次，就是要将词汇的音、形、语法特征、语义特征和搭配等都整合到词汇学习的过程中，这样的加工是深层次加工而非浅层次加工。词汇教学包括教授词汇的读音规则、构词法，要掌握它们的词义及词类，更要掌握习惯用语和固定搭配。这就要求教师应科学地、系统地把词汇教给学生，而且要将词汇放在一定的语境里教，这样才能使学生更好地掌握词义、词类、习惯用语及固定搭配。

Ronald Carter (2001) 认为，学者们对于什么是"学会"一个单词已经达成了共识："... knowing a word involves knowing: its spoken and written contexts of use; its patterns with words of related meaning as well as with its collocational partners; its syntactic, pragmatic and discoursal patterns."

第三个问题：怎样教或学词汇？

关于教词汇，Ronald Carter（2001）简要指出："Central to research into vocabulary learning are key questions concerning how words are learned. Teachers help learners with vocabulary directly or 'explicitly' by means of word lists, paired translation equivalents and in various related semantic sets. They also help learners by more indirect or 'implicit' means, such as exposure to words in the context of reading real texts."

关于词汇学习，语言学专家 (N. Ellis,1995) 对相关研究进行了归纳，总结出了四种假设：

· 强间接学习假设：认为词汇主要是通过无意识的方法习得的。对这个假设发挥重要推动作用的主要代表人物就是大家所熟悉的 Krashen。

·弱间接学习假设：认为学习者至少要意识到他们正在学习生词，否则是学不会单词的。如 Shimidt 强调学习者的语言意识以及意识的提升。

·弱直接学习假设：认为学习者是积极的信息加工者，他们会使用一系列策略来推测单词的意义，通常的做法是参照语境来推测词义。如 Sternberg 的研究报告认为，大多数词汇是利用推断策略从语境中学习的。Hulstijn 的研究也认为，在语境中学到的词汇比通过书面上的旁注和解释学习的词汇保持得更好。

·强直接学习假设：认为计划和监测等元认知策略对于词汇学习是非常必要的。特别要注意的是，学习过程中加工程度越深，学习到的东西就越巩固，保持的时间也就越长。这个假设主要依据 Craik 和 Lockhart 关于加工水平和认知深度的研究。

在这四种假设中，备受推崇的是第四种假设。Craik 和 Lockhart 的实验要求学习了一个单词的人思考这个单词的形式、合韵词、同义词、语义域以及它在句子中的种种结构等。他们得出这样的结论：学习单词时使用的方法越多，单词的再认和保持的水平就越高。因此，Ellis 总结道：

"熟练使用元认知策略的语言学习者学得更好是因为他们有认知策略。这些认知策略能帮助他们推测单词的词义，帮助他们把词义纳入其他词汇、概念和表象的意义网络之中，并将单词的表面形式映射到这些丰富的意义表象之中……词汇习得是一个直接学习过程。"

众多研究者认为，不同的词汇知识应该用不同的方法去学习。也就是说，不同的策略承担着词汇学习的不同目的。词汇的使用有使用的策略，词汇的记忆有记忆的策略。例如 Stanovich 和 Cunningham 认为阅读量大的人知道的单词就多，原因是阅读为他们提供了根据上下文弄清词义的时间。也有人认为并非如此。在高级阶段，在阅读中运用推断策略或许是一个人的词汇发展的核心策略。但是，在初学阶段，死记硬背的策略、双语对译策略、注解策略在词汇学习中是很有价值的。在学习基本的具体词汇的表面形式时，直接学习或许是最好的方式。然而，对于那些不太常用、更为抽象的单词，运用间接学习的方法来学习其语义、语篇、结构方面的知识可能比直接学习的方法要好些。

综上所述，词汇教学就是要教词汇的音、形、语法特征、语义特征和搭配方式、词汇所处的语境以及词汇的句法、语用和语篇规则，就是要强调使用各种各样的记忆策略来帮助记忆单词，就是要通过解释、举例、造句等认知策略来学习词汇的意义和使用规则，并逐渐培养学生计划、监控等元认知策略，发挥这些策略在词汇学习中的作用。

五、初中英语词汇教学的实施

1. 词汇教学的内容

（1）单词的发音和拼写

单词的发音和拼写是单词最为显著的外在特征。学好单词的"发音"意味着学习者要知道这个单词的读法，即单词的音标。知道一个单词的读法，具体涉及两方面：学习者要说得出这个单词；学习者要能从别人的发音中辨别出这个单词。学习一个单词还要知道它的书面形式——写法。这也涉及两方面：学习者能从书写中辨认出这个单词；学习者能正确拼写出一个单词。因此，会读会拼才能为继续学习单词的其他方面奠定基础。在教学中，教师必须确保准确地、清晰地、缓慢地呈现这些单词的发音和拼写，这样学生才能准确地学习单词的发音和拼写。

（2）单词的语法意义

一些教师误以为语法只是组成句子的规则，只出现在句子和篇章中，其实英语单词本身也有语法规则。单词的词性、单复数属性、及物或不及物动词属性都属于单词的语法规则范围。中学生，特别是初中生学习单词的重要障碍就是不知道英语单词的使用，其中部分原因就是忽视单词的语法属性。事实上，了解英语单词的语法意义是我们学好英语单词的重要方面。

英语中，一个单词往往既有其词汇意义，又有其语法意义。如 horses, 其词汇意义是"马"，语法意义是"名词复数"。有的单词只有语法意义，没有词汇意义。如 "Does he go to church every Sunday?" 句中的 Does 就只有语法意义 "一般现在时，主语是第三人称单数"，而没有词汇意义。一般情况下，如果单词的语法意义蕴藏在一般的语法规则之中且学生已经熟悉了这些规则，教师可以不教这个单词的语法意义。如果一个单词在一定的语境中应以独特的形式出现，或与其他单词以特有的方式组合在一起，那教师要在教学单词的读音和拼写的同时提供这些信息。

例如：

①教动词时，我们要教这个动词的过去式和过去分词形式，还要让学生注意这个动词是及物动词还是不及物动词。

②教名词时，如果是可数名词，我们要教它的复数形式，包括它是规则变化还是不规则变化。如：Chinese、sheep、deer 单复数同形，tooth 的复数形式是 teeth，mouse 的复数形式是 mice 等。有的名词是不可数名词，没有复数形式，我们也要特别强调，以引起学生的注意，如 advice、information 等。

③当某个单词与其他单词在用法上相关时，我们要加以分析比较。特别是到了九年级，学生已经学习了近 2000 个单词的时候，学生的词汇量使我们有可能也有必要进行这样的分组比较，如 look、see 与 watch, listen、sound 与 hear, stop to do sth. 与 stop doing sth. ，等等。

（3）单词的惯用搭配

人在社会上有朋友或伙伴，词汇在语言中也有 "伙伴"，有人称之为 word partnership, 即 "词伴关系" 或 "词伙关系"。在英语中，有一些单词，尤其是动词、名词和形容词等，有约定俗成的搭配。决定我们使用的词汇条目正确与否的关键因素就是固定搭配是否合适。因此，固定搭配是英语词汇教学中的重点内容。固定搭配教学中的主要问题是初学者要通过翻译找到对应的汉语。对应的汉语如果不能确切表达英语固定搭配的意义，就会给词汇的教与学带来很多问题，如 stop to do sth. 与 stop doing sth. 混用等。学习者在记忆单词时应同时记忆该单词的固定搭配，这样，在使用该单词时才不会出错。

（4）单词的词义

单词的"词义"远远不止词典上给出的释义。它包括单词的指称意义、文化含义和使用场合的适宜性等。

①单词的指称主要指该单词在现实世界的对应物，如 dog 指的是"狗"。在学习英语的初级阶段，借助母语的翻译能帮助我们记忆这个单词。但是，随着学习的推进，单词的文化和情感含义以及单词使用场合的适宜性等就必须受到高度的关注。

单词的含义特别是文化和情感上的含义主要指该单词的使用可能引起的积极或消极的联想。学习者在学习到一定程度时，仅靠母语的翻译来理解单词的含义，就会遇到学习障碍，因此必须了解单词在文化、情感上的含义，即这个单词会引起人们积极的联想还是消极的联想，如 cat 这个词在中西文化方面的差异在词典中无法体现出来。在英语文化中，猫被当作不祥之物，经常用于指心地恶毒、爱说坏话的人；而在中国文化中，猫的形象是正面的——乖巧、可爱、伶俐、温顺等。这些文化特征在词汇教学中必须引起足够的重视。

②词义的另一个重要且敏感的方面是单词的"使用场合"。"使用场合"即这个单词适合在哪种场合中使用。在不恰当的场合使用一个单词包括：把一个过时的单词当作常用的单词使用，将书面的、非常正规的单词用于日常口语，把不太礼貌的单词当成礼貌用语使用，把美式英语单词放在英式英语环境中使用，等等。它涉及时代、地区、性别、年龄、场合等多方面因素。如我们在教学 swim 时，只要教会词典上的释义即可；而教学 childish 时，则要说明这个词往往用于成人或成人的某些行为等；再如 kid 等于 child, guy 等于 man, 但是两个词都是口语或非正式用语；同时要说明 guy 的单数形式表示一个男人，而复数形式则既可以表示男性，也可以表示女性。我们在教这些单词时，何时解释这些内容、解释到什么程度可视学生的水平而定。

（5）单词的词义关系

在教学中，一个单词与其他单词在词义上的联系也是有价值的教学内容。英语单词的词义关系主要有以下几个方面：

①同义关系，即词义相同，如在初中英语词汇中，bright、clever、smart 都是 intelligent 的同义词。

②反义关系，即词义相反，如 rich 和 poor 是两个意义相反的词。

③上下位关系，即一个单词是另一个单词的特殊情况或更一般的概念，如 dog、cat、mouse、tiger 等都是 animal 的下位词。

④同位关系，如 dog、cat、mouse、tiger 是同位关系；angry、surprised、excited 是同位关系；red、blue、white、black、purple、green、brown 也是同位关系。

⑤部分与整体关系，即一个单词表示另一个单词的部分或组成部分，如 wheel 是 car 的一部分。

⑥同源关系，即两个单词有相同的词根或词源，如 teach 和 teacher 是同源关系。

在日常教学中，渗透这些词义关系，有助于学生在学习和测试中区别词义，准确使用词汇。

（6）构词法

不管是一个单词组成的词汇还是由两个或两个以上的单词构成的词汇，它们往往都可以被拆分为更小的单元。在英语教学中，特别是到了语言学习的高级阶段，如高中或大学，这些单词是怎么构成的同样是英语教学中有价值的知识。实际上，在初中阶段，学生已经接触了一些构词现象，我们有必要给学生介绍一些构词法知识，便于学生更好地记忆、理解和使用单词。

2. 词汇教学的方法

词汇的教学可以大致分为词汇的呈现、词汇的记忆以及词汇的使用三个部分。

（1）词汇的呈现

词汇的呈现有很多种方法，但是在初中英语教学实践中，常见的做法似乎就是先教发音，然后给出词义。这种方法简便易行，而使用其他方法则需要有强烈的策略意识和创新精神。从有效教学以及激发兴趣的角度来看，使用其他方法教学的效果更好。

　　有学者通过实验得出关于词汇呈现方式的三点启示：第一，科学的英语词汇教学呈现方式里面不可或缺的一个极其重要的因素就是举例。举例可以把学习者从简单机械重复、死记硬背的枷锁里解脱出来，增加词汇学习的趣味性，使学习者增强学习信心，提高词汇学习效率。第二，虽然词汇学习要尽量避免孤立地背记单词表（甚至词典），但这并不等于说突击记忆词汇在任何时候都不起作用。某试验的短时记忆测试成绩数据显示，在没有举例的方式下（采用传统的背记词形、词义的方式），对目标词汇的短时记忆效果要优于有举例的呈现方式。因此可以说在进行诸如测试等活动之前集中、突击记忆相关词汇，在一定程度上是有效的。小学阶段的集中识字就蕴含了这一道理。第三，突击、集中记忆词汇可以有较好的短时记忆效果，但遗忘率很高。为了降低遗忘率，一靠复现（机械重复），二靠造句（举例）和阅读。显然，机械重复不利于知识的全面习得，所以学生要真正掌握词汇，变消极词汇学习为积极词汇学习，还得注意发挥句子（不管是自己造句还是在阅读中寻找相应例句）的作用，从而提升对词汇信息的处理能力，巩固记忆，提高学习效率。

　　（2）词汇的记忆

　　①分类记忆

　　在记忆单词的时候，学生可以将单词进行分类、归纳，系统地学习。如在学习 living room 时，我们可以启发学生思考除了 living room，家中还有哪些房间，引导学生将 bedroom、sitting room、dining room、bathroom 等词汇联系起来记忆；同时也可以给学生布置一些话题，让他们去归纳，比如家中有哪些设施等。

　　②图表记忆

　　图表记忆是最为直观的方法，也是在教学中常用的教学方法。如学生学习了一些介词后，教师可以让学生自己制作关系图，展示一些介词的空间、位置关系。制图的过程就是学生对所学内容进行深度加工的过程。而学生对自己加工的

11

知识一般印象都会清晰而深刻，不容易遗忘。如让学生通过图表和例子总结介词的空间关系，学生在理解词义的同时，还学会了使用词汇。

③对比记忆

在英语中有很多词的意思相近或相反。学生在学习中有意识地将这些近义词或反义词联系起来记忆，会达到事半功倍的效果。如 old—young、heavy—light、tall—short 等反义词，还有 like、love、enjoy、be fond of 等近义词或短语。学生可以自己将这些词进行分类整理，也可以与同学开展游戏，考考对方是否知道某个词的近义词或反义词。

④构词法记忆

在英语中有很多词都是在某一个词根的基础上进行某种变化而来的。如果将这些变化的规律告知学生，他们就能举一反三，快速扩大词汇量。如否定前缀 un- (happy—unhappy、lucky—unlucky), dis-(like—dislike、appear—disappear)；名词加 y 变为形容词，如 rain—rainy、sun—sunny、luck—lucky；形容词 ful 后缀，如 care—careful、help—helpful、thank—thankful 等。

⑤提高词汇的复现率

对于词汇学习而言，频率是一个重要原则。有关研究证明，单词在语境中的出现次数对学习效果有重要影响，一般平均出现次数达到 15 次才会被习得。随着心理语言学的发展以及儿童语言习得研究的不断深入，频率效应对语言习得的影响日益受到研究者的重视。大量研究表明，频率对语言成分和规则的理解、生成和使用非常重要。

从理解的角度来看，人对事物的认识是一种复杂的意识状态，在生理层面表现为存在于大脑里的感官刺激和反应之间的一种联系，大脑对事物的认识就是各种发散的联系路径。正因为这种联系的存在，人才会在受到相同刺激时产生同样的反应。而随着这种联系不断加强，刺激与反应之间的关系也趋于自动化。因此，语言输入是理解的基础，而输入的频率直接影响语料的输入，从而影响语言的生成和使用。

从记忆的角度看，频率是一种较强的联系。新的记忆是在新信息和已知信息之间建立联系。而新信息的重复出现会不断增强这种联系，对该信息的记忆也会不断得到强化。语言成分和规则的生成过程，具体上讲是对词的提取过程。在词的提取中，形象性原则和频率效应交互起作用。高频率而形象性强的词是最容易提取的，低频率而形象性弱的词是最难提取的。词汇发生系统根据候补词和输入词的共享特征之不同计算出其相对频率，数目高的"胜出"，即被"辨认"。

在语言学习理论里，频率同样是一个核心问题。学习过程首先是个理解和记忆的过程，频率效应会影响这两个方面，影响学习过程的质量。研究表明，被强化了的输入更易引起学习者的注意，并且也有助于学习者记忆。因此，出现频率高的词汇往往容易被习得或提取，从而便于语言的理解、记忆和运用。

（3）词汇的运用

①词汇运用练习更要突出学生的主体作用

教师要将学习的主动权交给学生，充分发挥学生的主体作用。这不是一句空话，而是要落实到每一节课堂教学中。但是，在教学实践中，越来越多的教师承揽了越来越多原本应由学生来完成的任务。教师一手包揽了本应该由学生自己去观察、发现、理解、思考、猜测、归纳和总结的词汇或规律。以词汇教学为例，教师一味强调"教单词"而忽视了学生"学单词"。应发挥学生的主体作用，如可以让学生以小组合作学习的形式进行一对一的互助；以小组为单位，进行 word brainstorming、vocabulary tree、guessing game 等形式的词汇学习，将学习游戏化、娱乐化。

②词汇运用更能体现教师的主导作用

初中英语教材词汇量大，学生需要学习多少，学到什么程度，教师要做到心中有数，必要时要对单词表进行"瘦身"处理。教师不仅要严格遵循教材对单词的分层次要求，还要结合整个初中阶段对词汇的要求，不能局限于所教授的年级，要结合学情和考情，对不同层次的单词进行处理，即明确哪些单词是本单元必须从用法上掌握的，哪些是只需会认或是会认并会读的，尽量缩小要求会写会用的单词的范围，降低学生词汇学习的难度，减少由此产生的畏难心理。

③采用灵活多样的教学法进行单词教学

•图示法：对于比较具体的名词(非抽象名词)、动词和形容词可采用图示法进行教学。教育心理学原理告诉我们：活动的、色彩鲜艳的材料更能吸引学生的注意力，图像资料比文字资料更容易记忆。

•有声手段与文字材料相结合。声音和文字对大脑的不同部位产生刺激，同时作用，则会产生较单一手段更好的效果。在教学单词时，最好能结合录音，一方面能给学生在语音上的正确刺激，另一方面也有助于学生记忆。

•教学生了解并掌握英语单词的构词规律。英语是一种拼音文字，一般来说，如果掌握了一定的字母组合的规律，并能正确读出单词，就可以根据读音写出初中阶段大部分单词。这是记单词的一条捷径。

•教学生一定的构词法知识，如派生词、兼类词、合成词、复合词等，使他们能举一反三。通过比较和归纳，让学生逐渐掌握通过词根、中心词以及前后缀的意义来猜测词义、记忆单词的方法。

•游戏法：英语中有很多有趣的小游戏可以对词汇教学起辅助作用。如"头脑风暴"法，即由某一个词为出发点，根据一定的要求，联想出相应的一系列的词；"词汇树法"，即根据类别写出该类别中的单词；"接龙法"，即以上一个单词的末尾字母为下一个单词的开头字母，组成新词；"猜词法"，由一个学生对某个词进行口头语言或肢体语言的描述，让其他学生猜一猜这是什么单词；"指令法"，主要用于部分动词的教学，如由一个学生做出"跑"的动作，其他学生说出 run 这个单词。

•语境教学法：在英语词汇教学中，语境教学法可以有效地激发学生的学习兴趣，使学习更加有趣。通过使用真实的语言环境和场景，学生可以在实际场景中学习单词，从而产生兴趣。

•合作法：合作学习是新的教学理念所提倡的。合作学习可以让学生感受到集体的力量以及自己在这个集体中的贡献，从而产生成就感，激发他们学习的兴趣和动力。将合作法引入词汇学习，可以帮助学生提高学习的效率，使其更好地利用学习时间，降低学习的紧张感。

• **歌曲歌谣教学法**：适时、适当地利用歌曲、谚语、谜语等活跃一下气氛，寓教于乐，对记忆单词大有裨益。但所占的时间不宜过长，每次题目不宜过多，以免影响教学任务的完成。

3. 词汇教学效果的检查方法

（1）听写法

听写是最常用的检查方法，其优点是直接，难度相对较小。但是如果仅仅采用或是过多地采用听写法来检查的话，易引发学生的疲劳感。有时还会出现这样的情况：有些学生掌握了教师的听写规律，听写前就偷偷将单词写好以蒙混过关。如果将检查的方式多样化，一方面可以提高检查的有效性，另一方面也可以加强对单词用法的考查，借此告诉学生，不仅要会背单词，更要会用单词。

（2）口头检查

在平时的课堂教学中，口头检查主要针对课文的复述。单词的检查也可借鉴这种方法，因其引入了朗读(声音)，可以引导学生利用读写结合的方式记忆单词。

（3）填空法

根据单词的不同层次及要求，可用句子填空或是短文填空的方式来进行检查。主要有以下三种形式：

• 给出单词，即选词填空的形式；

• 提供首字母，即进行首字母填空的练习；

• 既不提供作为选项用的单词，也不提供首字母，要求学生根据句子或短文创设的语境填出单词。答案不是唯一的。这种检查方法可以培养学生的想象力，提高学生学习的兴趣。填空法的另一个优势在于与考试结合得较为紧密，从另一方面提高学生的应试能力。

（4）编故事法

教师可以列出五到十个单词，要求学生写或口述一篇小故事，将这几个词用到文章中去。这种方法不仅可以充分发挥学生的联想力和创造力，还可以活跃课堂气氛，调动学生的积极性。

第二节　语法教学中的问题与对策

一、语法教学在初中英语教学中的地位

英语语法就是英语这门语言的运用法则，它研究的是英语的结构规律和使用方法。语法教学有助于培养学生正确理解英语和准确运用英语的能力，可以使学生在英语学习过程中少走弯路。

20 世纪 60 年代，英语学习策略专家 Rubin 总结了善于学习语言者的若干特征，其中一个重要特征就是 "A good language learner pays attention to both form and meaning."。可见，要学好英语，意义和形式都很重要，因此必须学好语法。

语法是语言使用不可或缺的支持系统。了解"交际能力"（Communicative Competence）定义的人都知道"交际能力"包括语法能力。运用英语进行交际首先必须掌握它的语法规则。交际教学法即教学生使用目的语完成交际任务，同时教学生必要的语法结构以达到此目的。学习英语是为了使用英语，而语法知识是语言使用不可或缺的支持系统。对语言形式的正确把握将促进交际能力的提高。从语法的性质看，它是语言赖以形成和发展的要素，是掌握语言的必用工具。有人认为，学习语言不需要学习语法。因为人们学习自己的母语时，整天"浸泡"在语言环境里，不学语法也可形成语感，获得用母语进行交际的能力。但是即使在母语环境下，也不能简单地以需不需要为标准来判断语法教学的重要性，而应看语法教学对学生的语言学习是否有帮助。加之英、汉两种语言属于完全不同的

语系，表达习惯也不同，所以中国学生在英语学习中必须有意识地去学习语法，有意识地比较这两种语言。只有系统地、认真地学习，掌握必要的语法规则和结构，才能避免理解和表达上的错误。

学生的年龄特点和个体差异决定了必须开展语法教学。到了初中以后，随着年龄的增长，学生的逻辑思维能力也得到了发展，似乎可以让他们自学语法了。但是，有趣的是，学生往往抱怨自己考试没有考好是因为没有学好语法。其实，认为语法可以让学生自学有一个虚假前提，就是学生自己有强烈的学习语法的动机和愿望，同时具备自学能力。事实并非如此，学生的学习能力千差万别，尤其是初中生的英语语法学习能力是有限的，因此教师必须在课堂上为学生学习语法提供必要的指导和支持。

二、语法教学实践中的误区

要正确认识语法和语法教学，首先要正确认识语言和语言运用能力。什么是语言？早期人们认为，语言是由一系列规则构成的一套符号系统。这个系统包括：

·单词的词义（如：phone 电话；打电话）；

·单词的构成（如：friend、friendly、unfriendly）；

·句子的构成（如："Peg walked to the new store." 是句子，而 Peg walk store new 就不是句子）；

·在具体情境中遣词造句的最佳方法（如果你的脚被踩了，可以说："Would you mind moving your foot？"）。

在这样的语言观下，学会一门语言的标准就是掌握了该语言的符号系统。相应地，语言教学就是要教这套符号系统。

随着语言学的发展，人们加深了对语言的认识。语言不仅仅是一套符号系统，还是交流思想的工具。要交流思想，就要进行听、说、读、看、写。由此，听说法、视听法、直接法等语言教学方法纷纷出炉。学会一门语言的标准也就是要能够用它进行听、说、读、看、写。相应地，语言教学就是要教听、说、读、看、写。

现在，在学者的心目中，语言不仅仅是一套符号系统，也不仅仅是交流的依据，它还是文化的载体，承载着语言所属民族、国家、地区的思维习惯、行为习惯、风土人情，等等。在这样比较全面的语言观的背景下，学会一门语言的标准不仅仅是掌握一套符号系统，也不仅仅是能用语言进行听、说、读、看、写，还包括能够贴切地、得体地使用语言。语言教学既要教语音、词汇、语法等符号系统，还要教听、说、读、看、写，也要教如何听、说、读、看、写。不懂遣词造句的规则，既不能全面地表达出思想、观点、情感、态度，也不能全面地理解别人表达的思想、观点、情感、态度；反之，只懂得语言的符号系统，不能用它进行、听、说、读、看、写，学的也仅仅是关于语言和语言规则的陈述性知识，不是如何使用语言的程序性知识。只有掌握了有关语言的陈述性知识，又掌握了如何使用语言的程序性知识，而且还掌握了得体使用语言的策略性知识，才能说是掌握了一门语言。

从语言学习的角度来看，可以用三个短语来表示语言学习要学什么，具体如下：

· Learning about the language

· Learning to use the language

· Learning through the language

从语言教学的角度来看，也可以用三个短语来表示语言教学要教什么，具体如下：

· Teaching about the language

· Teaching to use the language

· Teaching through the language

语法是英语课程的重要内容，也是英语教学的重要任务。《新课标》针对初中语法教学，指出："要帮助学生建立以语言运用为导向的'形式—意义—使用'

语法观，引导学生在理解主题意义的基础上，认识到语法形式的选择取决于具体语境。重视在语境中呈现新的语法知识，指导学生在语境中观察和归纳所学语法的使用场合、表达形式、基本意义、使用规划和语言功能。"强调语境是不是就否定了语法教学在英语课堂教学中的地位了呢？并非如此。但是，在实践层面，对于这句话的理解存在认识上的误区。

误区之一，语法和词汇不用教了。基于这样的误区，教师在课堂上放弃或基本放弃语法教学，把"技能"当作"能力"。现在有些地方搞听说活动，合作学习、探究学习等花样百出，课堂上热热闹闹，本应归纳的语法规则也不归纳了，应该演绎的语法规则也不演绎了，把"话语"当作"语言"，认为学生课堂上不符合语法的、缺胳膊少腿的话是语言能力的体现。而许多研究表明，只注意语言的流畅性，忽视语言的准确性的学生，即使当时在课堂上表现得很活跃，后来的语言发展还是会受到制约。

误区之二，语言可以自然习得。一些教师认为：只要有足够的实际交际的语言刺激，在交际活动中练习语言形式和语法知识，学生都会自然习得语言。既然可以习得，就不必刻意地去学语法，自然也就不必教语法。而英语在我国是外语，没有自然习得的条件——足够的实际交际的语言刺激。中国学生不可能有以英语为母语的学习者那样的学习环境，不可能在平时或在课外获得充分的英语语言刺激并内化其语言规则，进而自然习得英语。

误区之三，混淆了"手段"与"目的"。实际语言运用能力是英语教学的目的。常言道：目标决定任务，任务决定方法。要达成"综合语言运用能力"这样的目的，必须按照语言的特质和目标的要求选择任务和方法。学好语法是重要的任务，但不是最终目的，是达到目的的有效手段。其最终目的不是简单地让学生记住一些语法规则，而是要在大量的语言实践中去内化语言的形式、意义、功能，实现准确运用语言进行有效交际的目的。在教学方式上也不像某些人说的那样"完全抛弃过去那种讲解与传授，死记硬背，机械套用基本句型的教学模式"，而是要以教学有效性作为价值取向，根据不同的学习任务以及学生的特点（如有的学生的特点就是善于博闻强记，教师就要提供相应的机会），采用适合学生特点的教学方式来教语法。

在课堂教学中，部分教师片面强调对学生语言交际能力的培养，误认为在现在的中学英语教学中语言基础知识教学特别是语法教学已经不重要了。有人甚至简单地认为实施《新课标》就是淡化语法教学，淡化就是不必重视。结果，不少青年教师不关注中学英语基础语法，更不研究中学英语语法教学的理念和方法，最多也就是把教材上的语法部分照本宣科地过一遍，许多学生的基础语言知识掌握得不牢，不仅不能用准确、得体的标准英语进行口头表达，更写不出几句没有任何语法错误的完整句子。

显然，"重视在语境中呈现新的语法知识，指导学生在语境中观察和归纳所学语法的使用场合、表达形式、基本意义、使用规则和语法功能"是要在知识和能力、形式和意义（Focus on Form and Focus on Meaning）之间求得一种合理的平衡。也就是说，要通过听、说、读、看、写的学习活动来教授语法和词汇，在具体的语境中教授语法和词汇等语言知识，而不是像过去那样把讲解和传授词汇和语法当作语言教学的全部。

三、开展初中英语语法教学的有效途径

1. 正确呈现和解释新的语法结构要注意的问题

语法教学的第一步常常就是介绍新的语法。对于教师来说，语法教学中相对困难的是通过自己的解释让学生理解语法结构。现在中小学语文教学也不教语法，因此让学生理解什么是主语、谓语、宾语、定语、状语，什么是主句，什么是从句等都是非常困难的。要解决这个问题，教师首先要弄清几个问题：

关于这个语法结构学生应该知道什么，知道多少？学生可能感到难学的是什么，如何呈现例句？如何解释才能给学生提供清晰明了而必要的知识？

教师对语法结构和意义的呈现方式和内容必须做到简洁、明了、准确，才能有助于学生的学习。

一般来说，呈现和解释某一语法结构的时间不要超过 5 分钟。对于没有教过语法的教师来说，如果对自己的解释没有把握，一定要参考语法书。有时可以请同行听课，让他们谈谈你的解释是否清晰，给你提提建议。在做教学设计时，可以参照下面的问题对自己语法结构的呈现进行反思和修正。

Questions on Grammar Presentations:

（1）The structure itself. Was the structure presented in speech and writing form, and meaning?

（2）Examples. Were enough examples provided in a meaningful context? Are you sure the students understand their meaning?

（3）Terminology. Did you call the structure by its name (according to the grammar book)? If so, was this helpful? If not, what did you do? What other grammatical terminology was (would have been) helpful?

（4）Language. Was the structure explained in the students' mother tongue?

（5）Explanation. Was the information given about the structure at the right level: reasonably accurate but not too detailed? Did you use comparison with the students' mother tongue (if known)? Was this / Would this have been useful?

（6）Delivery. Were you speaking (and writing) clearly and at appropriate speed?

（7）Rules. Was an explicit rule given? If so, did you explain it yourself or elicit it from the students? Was this the best way to do it?

关于以上 7 个问题，Penny Ur (2002) 提出了如下 7 点指导性原则：

（1）In general, a good presentation should include both oral and written form, and both form and meaning.

（2）It is important for learners to have plenty of contextualized examples of the structure and understand them. Visual materials can also contribute to understanding.

（3）The answers to this will depend on your situation and learners. On the whole, the older and more analytically-minded learners will benefit more from the use of terminology.

(4) Again, this very much will depend on your situation and learners.

(5) This is the problem about striking the right balance between accuracy and simplicity. Your explanation should cover the great majority of instances learners are likely to encounter; obvious exceptions should be noted, but too much detail may only confuse. As a rule, a simple generalization, even if a note not entirely accurate, is more helpful to learners than a detailed grammar-book definition.

(6) These are basic and important points; your observer will help you here.

(7) Here you have to decide whether a rule would be helpful or not; then, whether to elicit it from the learners on the basis of examples (sometimes called the inductive method), or give it yourself, and invite them to produce examples ("deductive"). Like grammatical terminology, explicit rules are more helpful to the older and more analytically-minded learners. As regards inductive or deductive methods, you have to ask yourself which is more effective in this situation. If the learners can perceive and define the rules themselves quickly and easily, then there is a lot to be said for letting them do so: they are more likely to remember what they discover themselves. But if they find this difficult, you may waste a lot of valuable class time on sterile and frustrating guessing, or on misleading suggestions; in such cases it is better to provide information yourself.

语法规则是从大量的、实际使用的口头语和书面语中抽象出来的，是对不断发展变化中的语言现象的科学概括。因此，在语法教学中既要讲书面语和正式语体的语法，也要讲口语和非正式语体的语法。语法规则要在具体的语境中教学。英语语法教学必须抓住三方面内容：形式、意义和用法。从形式入手，分析意义，结合使用，这三方面彼此相互联系，相互影响，同时又有所区别。让学生掌握语言形式是基础，了解意义是关键，学会使用才是真正的目的。

2. 正确操练并评价语法学习的策略

初中语法教学应该根据不同的教学任务、教学目标、学习任务采用不同的教学策略。但是，总的来说，在操练中，"感知—理解—归纳—运用"的策略是比较有效的，也符合认知规律。

第一，要考虑使用什么教学语言。

解释语法是用专业术语还是用日常用语，是用英语还是用汉语，要根据学生的特点和水平而定。对于初中生来说，日常用语更便于理解。但是，日常用语使用也要有个度。总是用日常用语会影响学生思维和语言使用的缜密性。因此，在教学中既要便于学生在课堂上有效学习，又要考虑学生语言能力的长远发展。

解释语法规则时，语言既要简洁，又要准确。有时为了准确就很难做到简洁。要根据语法规则本身的复杂程度以及学生的水平来处理简洁和准确的关系，不能一概而论。

第二，要考虑使用什么方法。

通常，语法教学的方法分为演绎法和归纳法。演绎法就是先明确某一语法结构的规则，再用例句来说明该规则的用法。在课堂上，为了节省时间，往往由教师提供规则，解释规则。提供例句的方法有两种：一是由教师提供规则后直接用例句来说明规则，二是教师提供规则后让学生造句或从学过的材料中选择例句。一般后者的学习效果要好于前者。

归纳法则相反，要在学生接触、感受到大量的相关语法现象后归纳语法规则。一般由教师提供语法练习，口头的或笔头的都可以，然后归纳出语法规则。归纳方法有两种：一是教师直接归纳，二是学生自己归纳，教师在需要时给予适当的指导和帮助。同样，后者的效果要好于前者。

在多年的教学实践中，笔者发现更适合用归纳法而不是演绎法教授英语语法。理由如下：

（1）因为语法规则是从大量的、实际使用的口头语和书面语中抽象出来的，是不断发展变化中的语言现象的科学概括，所以在学习时是可以归纳的。

（2）英语语言现象大多数可归纳，也便于归纳。除了少数语言现象如冠词 (a/an/the)、代词 (this/these 及 that/those)、介词以及一些特殊现象外，各种时态、语态、句式等几乎都适合用归纳法教学。

（3）学生自己归纳虽然要比教师归纳费时，但是效率高，因为学生自己归纳的东西更有利于长时记忆。教师归纳看似节省了时间，但学生容易遗忘，需要重复学习，花费的时间反而更多。

（4）归纳要逐渐系统化，帮助学生形成结构清晰、层次分明的"图式"或知识结构。因为这样的结构符合"有意义学习"的精神：学习者个体必须把新知识和学过的概念联系起来。新知识必须和学生现有的认知结构相互作用，与已有的知识结构整合，这是实现有意义学习的关键。有了这样结构清晰、层次分明的"图式"，学生在语言使用 (即便是考试) 中可以快速地提取出来。

（5）归纳法为学生提供观察、分析、综合的机会，有利于促进学生的主动参与，有利于培养学生主动探究的意识和自主学习的能力。

当然，课堂教学应根据需要，归纳法与演绎法并用，以归纳法为主，演绎法为辅，两者紧密结合，相互联系，相互补充。在日常教学中，我们要做到：

（1）适时点拨，有意积累

某一语法结构往往比较集中地连续出现在教材上的几个单元，同时又散见于不同的单元。在同一个单元的不同部分，如 Warming Up、Reading、Learning about Language 以及 Using Language 中，教材编者也会有意识地反复安排某个语法项目。在日常教学中，不要见到一种新的语法项目就花大量的时间去讲解操练，但也不能对它视而不见。教师应该先口头加以强调，引导学生注意这个新的语法项目在形式和意义上的独特之处，逐步在形式和意义之间建立联系。可取的方法如下：

①朗读时重复这个结构；

②重读这个结构与学生学习过的结构不同的地方 (如动词形式)；

③用汉语告诉学生这个结构的名称和作用 (如"这里表示过去发生的动作，

它的动词形式与经常发生的动作有区别");

④用问题提示学生（如"这里为什么用 went 而不用 go 呢？"），但是不要背离课堂教学目标。如果一节课的主要任务是阅读理解，切不可用过多的时间去讲解语法而影响阅读任务的完成和教学目标的实现。

教师也可以精选一些包含某些语法结构的典型句子，让学生利用课余时间记忆和运用这些句子，从而起到既能让学生背诵一些经典句子，又能让他们熟练运用某项语法形式的作用。例如：

· The earth moves around the sun.

· Actions speak louder than words.

· The more, the better.

· Roman was not built in a day.

· One is never too old to learn.

· To see is to believe.

· Seeing is believing.

· Never put off till tomorrow what may be done today.

· Where there is a will, there is a way.

· All are not friends that speak us fair.

记住这样一些典型句子，不仅有助于学生对语法的理解，而且有利于学生在考试以及语言实践中进行运用。

（2）集中练习，主动归纳

通过平时学习中对某一语法现象的积累，到模块复习时，教师可将本模块所涉及的语法内容和以前模块学过的相关内容整合到一起。通过对比，梳理归纳出语法规则。如：给学生下面这篇短文，并告诉他们第 2 ~ 4 段中有很多错误，让他们指出并改正。

The report shows something of home computers used by a group of young people. We decided (决定) to try to find out if it was true.

We ask thirty young people between 14 and 18. All the children have computers at home. We ask them how much time they usually spent (花费) on their computers in a week, but we are most interested in what they use their computers for.

The usual time spent on a computer in a week is about 12 hours, with the highest user about 32 hours , and the lowest user only 5 hours.

All the children say that they usually use computers to play games. Fourteen children tell us they do some word-processing (文字处理) at times. Only two of them say computers help with their lessons, and eight people tell us they keep addresses and phone numbers on their computers or use them as diaries. Only three people say they are learning to make computer programs (程序) and nobody look up databases (数据库). Not any of them use computers for any other use. The diagram (图表) gives all the results (结果) one by one.

The results show that computer use is quite high among 14—18 years old children. They also show quite clearly that most young people see computers as little more than game machines. The only other great uses are for word-processing and keeping address lists. It seems (似乎) to us that, though (尽管) computers are common (寻常的) in the homes of young people, they have not yet become useful in everyday life.

经常做这样的改错练习，可以引导学生在学习英语时既注重语言的意义，也关注语言的形式，同时将练习与评价有机结合起来。

在帮助学生归纳时，我们可以多用一些图表，因为图表比较简洁明了，且便于学生记忆。

（3）提供机会，反复练习

值得强调的是，呈现、解释、归纳出语言形式和规则不是目的，不能到此为止。我们还必须设计巩固练习，并着眼于实际运用。任何语言形式只有通过实践才能加深理解。学生只有通过实际运用，特别通过在实际交际活动中去运用才能内化其规则，才能真正掌握语法知识。为巩固语法知识，熟练使用语法规则，教师设计练习时要注意以下两个问题：

①练习什么？是练习有关语法规则的知识，还是练习语法规则的实际使用？是练习语法规则的形式，还是练习语法规则的意义？要以语法的使用为主，适当练习有关语法规则的知识，实现形式与意义的统一。

现在有一种倾向，谈到语法练习，基本上都过度练习语法形式。诚然，形式很重要，因为英语的语法形式往往起着区分语义的作用，需要认真对待，需要练习。但是，形式是为意义服务的。不与实际使用中的情境和语境结合，形式的作用就会落空。遇到特定的情境和语境，仅仅靠形式是解决不了问题的。

②怎么练习？这是关键问题，它决定了我们提供的练习是以形式为主还是以意义为主。

目前，受考试指挥棒的影响，语法练习基本上以选择题为主。套用中考题，形式单调、枯燥，而且效果也不理想。根据目标决定任务、任务决定方法的原理，我们知道，中考和日常练习的目的是不同的。日常练习就是为学生学好英语提供支持、指导、鼓励和帮助，突出学生的学习效果。平时的练习仅套用中考题无法奏效，所以针对语法练习，我们还应提倡多用主观题，突出情境和语境，根据所教语法项目的交际功能去创设运用这个语法项目的情境和语境，将语法教学与听、说、读、看、写的活动结合起来，将语法知识的学习与综合技能的训练结合起来。如练习一般将来时的陈述句时，教师可以创设这样的情境：将学生分成两人一组，用"You will..." "You are going..."等句式对话。练习一般将来时的特殊疑问句时，我们可以创设这样的情境：教师自己扮演预言家，学生用一般将来时提问他们感兴趣的问题，教师给予回答，并要求学生将答案记录下来，写成一篇短文。这样的活动能让学生依据情境和语境，通过听、说、读、看、写活动去熟悉、巩固、掌握该语法知识。

又如为了练习一般过去时，笔者曾设计这样一个活动，具体步骤如下：

A. 上课时，笔者将学生分成两人一组进行听写活动，听写内容为预先准备的一篇关于 Mr. Chen 忙碌的一天的短文。

B. 分发练习材料和白纸，一个学生有以下打印好的内容，同伴只有白纸，提醒有听写内容的同学不得将听写内容给同伴看。

Yesterday morning Mr. Chen was very busy. He got up at 6:00 yesterday morning and did some washing. Ten minutes later, he sat at table for breakfast. Then he hurried downstairs and went to work by bus. When he arrived at his office, he found there was a lot of work waiting for him. A parent was at the gate of his office, and he wanted to talk to Mr. Chen about his son. After the talk he checked the students' papers and before he finished the papers, the bell rang and he went to the classroom in a hurry to give the lesson. The lesson was over at 11:50. It was already lunchtime! So Mr. Chen hurried to the dining room to have his lunch. It was really a busy morning!

C. 听写时间为 5 分钟。

D. 学生开始听写。

E. 听写完后两个学生一起检查听写内容，并改正听写错误。

F. 待两个学生检查并订正错误后，笔者告诉学生，听写内容并非都是真实的，要求学生用一般疑问句向笔者提问以求证短文中的内容（In the paragraph, some information is right and some is wrong. You can ask me as many questions as possible to check it. ）。笔者只用 Yes 或 No 回答学生的问题。证实完所有内容后，学生重写这篇短文，并至少加上两个句子（Add at least two sentences to the paragraph. ）。

G. 学生将写好的内容读给同伴听并要求指出错误。

H. 笔者抽查部分学生的作业（Read it to the class. ）。

学生非常积极地参与这个活动，学习效果也非常好。原因主要是：

首先，学生对"昨天上午做了什么"感兴趣，有了"信息差"，情境真实，所以积极参与；其次，围绕一般过去时开展练习，目标明确，重点突出；再次，练习的综合程度高，听、说、读、看、写都有，意义和形式都得到了练习；最后，因为要读给同伴听，还有可能读给全班同学听，涉及教师和同伴对自己作业的评价，所以学生能够主动参与，认真对待。

总而言之，这个活动及其操作程序一是解决了动机问题，学生想参与；二是解决了策略问题，学生会参与；三是解决了态度问题，学生能认真、积极、主动地参与，因而学习效果是令人满意的。

第三节　听力教学中的问题与对策

一、初中英语听力教学的意义

听力（Listening Comprehension）包含人的识别、辨认等方面的听觉能力以及对语音材料的理解能力。没有理解的听力只是对声音符号的一种接受。要形成综合使用英语的能力，少不了听力理解技能。显然，听力对于初中生的英语学习以及他们语言能力的发展有着极为重要的意义。

首先，根据语言学习的规律，有声语言的输入为语言能力的形成提供了重要条件。从人类学习语言的过程来看，人类最初接触的是有声材料，其次才是文字资料。我们常说的语感的形成也离不开听力理解。听的能力与语感联系密切，也是学好语言的一个必备条件。听是掌握英语的必由之路，因为任何外语课程，在课堂上不可能不进行任何听的活动，每个学生必须具备一定的听的能力。

其次，学习语言的目的是使用语言，使用语言的目的是交流思想感情，所以听力理解也是语言交际的需要使然。无论是从速度的快慢还是相同单位时间内的信息量大小等角度来看，听和说相对于读与写来说，优势都是明显的。这就要求学生要有较强的听的能力，从而保证获取足够的信息量，明确说话者的主旨大意，完成信息的交流。

再次，听是说和写的前提和保证。信息加工理论认为，说和写是语言输出阶段，而读和听是语言输入阶段。语言的输出是建立在语言输入的基础之上的。只有输入的信息积累到一定量，输出才能进行。通常的情况是，输入的量远远超过输出量，输出才有可能。听是除读以外的信息输入的另一个重要途径。

最后，加强听力教学也是学生接受考核、评价的需要。考试是教学过程中一个无法回避的部分。

从一线英语教师到教室里的学生，都应对听力教学给予足够的重视。教师要从"听"入手，着重培养学生良好的听的习惯，创设丰富多彩、形式多样的语言情境，提高学生的听的能力，激发学生的学习热情。

二、初中英语听力教学的主要问题

初中英语课程改革已经实施多年了，课堂教学的面貌确实发生了很大变化，学生的听力理解能力有了比较大的提高，但听力教学中也存在着一些问题，主要分为两大类：一类是学生学的问题，另一类是教师教的问题。

1. 学生在听力理解学习中的问题

英国语言学家根据信息加工理论将整个听的过程分为三个阶段：第一，感知阶段：声音进入听觉存储（The Sounds Go into a Sensory Store）；第二，加工阶段：感知信息进入短期记忆处理（Processing of the Information by the Short-Term Memory）。第三，储存阶段：理解了的信息转入长期记忆（Transferring the Information to the Long-Term Memory for Later Use）。根据听力的学习过程，在英语课堂教学中制约学生听力理解的主要因素如下：

（1）语音解码

说话是编码的过程，是把自己的思想组织起来说给别人听；听力是解码过程，是用听觉去感知语音信息，并对语音信息进行理解，逐步达到自动化的程度。语音解码的自动性是听力理解的关键。所以学英语首先要打通自己的耳朵。因为听与读不同，现实交际或听力理解中，听者不能重复听，只有靠自己一次性的语音解码能力。

（2）词汇和习语

词汇贫乏不仅仅是阅读的主要障碍，也是听力理解的主要困难，是听力活动不能进行的主要因素之一。同时，在听的过程中，听者像读者一样能根据前后话语对自己不熟悉的习语等进行猜测。但是，受词汇量的影响，如果不熟悉的话语太多，特别是对一些关键性的习惯用法不熟悉，听力理解将会受到影响。

（3）听力材料的类型

初中生熟悉的听力材料除了教材上的对话外，基本上是叙事、说明两类文体。有些听力材料，如新闻故事、广告等，由于其语言使用上的差异，对听者听力的要求也有所区别。因此，在选择听力材料时，教师应根据学生的实际水平选择难度适宜的材料。

（4）听力技能

重读、弱读、连读、语调、意群等对听力理解具有举足轻重的作用。重读、语调的变化会改变语句的意思。意群也会影响听者对句子的理解。如下列各组句子用词相同，在书面语中由于标点符号的使用使句子意思发生了完全不同的变化，读者对句子的意思一目了然。但是在进行听力训练时，如果不能分辨语调和句子重音，理解起来就会有麻烦。

A1. John said, "My father is here. "

A2. "John," said my father, "is here. "

B1. Jerry said, "The boss is stupid. "

B2. "Jerry," said the boss, "is stupid. "

（5）兴趣

兴趣是最好的老师。对任何学习活动来说，兴趣都是至关重要的。在进行听力教学之前，教师一定要考虑学生的兴趣，知道学生喜欢什么样的听力材料、听力活动以及哪种听力教学环境等，以便"投其所好"，激发他们做听力训练的热情。

（6）背景知识

听者对相关背景知识的了解程度会影响其理解的质量。缺乏应有的背景知识通常是理解错误的主要因素。对于自己不熟悉的话题，理解的难度自然会加大。

（7）听力策略

很多情况下听者由于未能掌握相关的听力技巧，如 gist listening、focus listening、inferring、predicting，等等，因而不能很好地理解听力材料。

2. 教师在听力教学中的问题

（1）应试教育对听力教学的影响

学生对英语课上进行的听力训练不感兴趣。他们认为考试的听力题很简单，没有必要费时、费力地进行专门训练。甚至个别教师也有同样的想法。常有这样的现象：教师对于阅读、语法和写作等课程比较重视，但对听说课则相对比较"轻描淡写"。一般来说，听说课就是放放录音，让学生记下答案就行了。究其原因，则是过度的应试思想在作怪。

（2）教育者本身对听力教学的负面影响

由于自身受教育程度、地域、年代的客观差异，英语教师的专业水平在时间和空间上存在差异。个别英语教师的语言能力有待提高，例如：语音不准、语调不对、语速过快或过慢等，所以就会产生诸如学生提出"教师说的和录音里读的不一样"这样的问题，还有部分教师不能完全用英语授课。这些都从客观上影响了学生听力水平的提高。

（3）听力教学策略单一

多数教师用的是"三步曲"。第一步，没有任何铺垫地听录音，不介绍背景知识，不进行主题说明，纯粹地单向信息传递；第二步，由学生做选择题，应该说这是一种识别性的学习活动，这种活动代替了语言产出活动；第三步，师生对答案，这种对答案属于一种教育的测量活动，是用来测量学生的学习效果的，这样做，实际上是用教育测量活动取代了语言习得活动。众所周知，听是一种主动、积极的交际行为，是主动、积极的心理语言活动过程。所以用这样的"三步曲"进行听力训练，严重违背了听力训练的规律。

（4）客观上缺乏听力学习的氛围

课堂上学生用英语进行交流的机会并不多，课后用英语交流的机会更少。虽说国际化的步伐加快了，但是，即使在大城市，初中生大多数过着三点一线的生活，与以英语为母语的外国人交流的机会少之又少。所以说，学生学习听力缺乏一定的语言环境。听的基础地位强调话语素材的输入量。首先是语言环境的影响，然后逐渐自然地形成规则，最后才能创造性地输出。从这个意义上讲，英语学习效果与语言环境有着直接的联系。

三、有效地开展听力教学

同英语其他方面的教学一样，听力教学也存在着教什么和怎么教的问题。教学对象的水平、受教育背景、学习听力的条件等方面都制约着听力教学。因此，听力教学必须在分析学生、分析任务、分析条件的前提下，确定教什么和怎么教。

1. 听力教学的内容

听力理解首先是对语音符号的识别和理解，所以听力教学内容涉及的面很广。就初中生而言，笔者认为听力理解的教学主要有这样一些内容：

（1）英语语言知识的教学，包括语音、语调、重音、词汇和语法等

这些内容决定了学生能否识别有声语言材料。知识是能力的基础。语音知识不扎实，就不能准确理解别人话语的意思；没有关于语调和重音的知识，就不能准确理解不同语调和重音所表达的意思；没有扎实的语法知识，就不能辨别什么是陈述句，什么是疑问句等。

（2）听力理解策略的教学

有人说，策略是方法的方法。缺乏一定的听力理解策略，即使具备了扎实的基础知识，听力理解水平也会受到影响。比如理解大意的策略、理解细节的策略、预测的策略、推理判断的策略等。

在教学实践中如何处理好这两个方面的关系非常重要。有的教师觉得听力训练

就是要多听，听得多了，自然就能听懂了；也有的教师认为，听力必须以语言知识为基础，因此把主要精力都放在语言知识的教学上；还有的教师过分强调听力策略，侧重这些方面的指导而忽视语言知识。这些做法都有正确的一面，但是又都有其片面性。教学中教师必须把握好听力实践、听力策略和语言知识之间的关系。

2. 听力教学的实施

作为教师，明确教学目的，并将之具体化为可执行的、细化的教学行为是非常重要的。完成每节课的教学目标是我们的基本任务，更是我们的首要职责。以听力教学为例，我们的教学目的是传授听的方法，循序渐进地提高学生听的能力。而这只是我们的最终目标，对于我们每一天的工作，对于我们每一节的听力训练课而言，则过于笼统。所以我们务必要将这个最终目标细化，结合每一个单元的话题、内容及听力材料，还包括我们所面对的学生状况，制定出符合某一节听力课的具体目标和措施。

听力教学的内容应涵盖以下几个方面：

（1）充足、大量的前期铺垫和引导

众所周知但也常常为我们所忽视的一个问题是任何真实的交际都是有语境和背景的，生活中的话语材料尤其如此。它们总是发生在一个特定的语境下的相关人群中。这就给我们的听力教学一个极有用的提示：要完成好一个听力任务，绝不能仅仅给学生提供一段听力材料，如只是播放录音等，而是要做一些铺垫。如果学生能在听之前对与之相关的人物或事件有所了解，则听时难度就会小很多。

外研版教材在这方面就有出色的表现。在综合技能，即进行听力训练的这部分内容中，该教材总是先安排一些与听力材料内容相关的图文材料，引导并帮助学生进行前期的了解和认识，使学生在不知不觉中进入听力的情境。作为课堂主导者的教师要有意识地充分利用好这个环节，在诸如谈话式导入、阅读、讨论的过程中扫除生词或短语的障碍，使学生明确它们的意思，但也仅限于此，不必在词或短语的用法方面进行展开式的讲解和说明。因为这是一节听力训练课，不是阅读或语法课，我们的主旨是以一段或几段图文材料为载体，进行听力的技能与方法训练。我们的所有工作都要围绕这个主题来进行，不能喧宾夺主，分散了学生的注意力，冲淡了课堂的主题。

（2）明确听的不同阶段的任务和目的

·听前：根据已知信息对听的内容进行合理的预测，并概括出听的目标和方向；

·听中：根据听的目标和方向，准确获取有效信息；

·听后：从语境及语法两个层面对听的结果进行检测。

做任何事情都是有一定的技巧和方法的。听力训练也是如此。在进行听力训练时，务必引导学生做好听前、听中和听后的各项内容，从而给提高听力正确率加上三道"保险"。

（3）教学生掌握一定的速记技巧和常用符号的缩写

听力的另一大难点就是虽然听懂了，但是来不及记下来。学生有时记下了这句话，却错过了下面的一句甚至是几句话。所以教会学生一些速记技巧很有必要。

（4）听力中紧张情绪的缓解与疏导

除了材料的难度、语音、语调、语速、干扰情况、背景知识等客观因素以外，影响听的正确率的另一方面因素是主观因素。在听录音之前学生会担忧，这是很正常的。但是如果这种担忧过了度，变成了害怕，甚至是恐惧，成为一种条件反射性的紧张情绪，就会直接影响听的效果。此时，教师有责任做好学生的心理疏导工作。

①引导学生做好听前的预测有助于缓解学生的紧张情绪。进行听前预测的目的之一是做好学生的心理疏导工作。这种紧张情绪是由对事物的未知而产生的，所以我们要做的事就是让学生对这些事的相关内容进行了解，变未知为已知。当学生对要听的材料有所感知、有所了解时，他们的紧张情绪就可以自然而然地得到缓解。

②教师不要苛求学生，学生也不要苛求自己要听懂听力材料中的每一句话。

现在的听力材料多具有真实的信息沟，有的甚至专门设计了相应的背景噪声，以增加听力材料的真实性，提高听的实用性。在这种情况下，听懂每一句话是不必要的。要掌握一段话的大意或主要内容，不一定要求听懂每一句话，而是要捕捉材料中的关键语句。

③针对不同的学生提出不同的要求。等量齐观是我们教学中的弊端，不恰当的要求只会增加学生的紧张情绪和失败感。在进行听力训练时，教师应针对不同的学生提出不同的要求，使每个层次的学生都能有所收获，尤其要注意多用鼓励的言语。教师对学生的每一点成功都要不吝表扬，从而激发学生听的信心和兴趣。

（5）要重视听力过程

教师应改变教学中过分关注结果的做法。关注听力理解的过程对于学生的听力学习有以下好处：

①发展学生的过程意识和听力策略。对于想提高听力的学生，教师要引导他们注意过程："你听母语听了多长时间？""你听英语听了多长时间？"

②通过听力任务，让学生练习听力策略。

③让学生感受利用听力策略给他们带来的甜头。

④学生可能将课堂上的听力策略迁移到课外的听力练习中去。

⑤让学生意识到在做听力练习时应该做什么，在过程中学会用英语做事，如发通知、布置任务等，以促进学生语言技能的提高。

⑥让学生形成对自己的听力过程以及在过程中使用的策略进行反思的习惯。

学生的过程意识提高了，他们就会认识到，听力技能的提高需要他们自己积极地参与到听力活动中去；会利用听力策略，不仅能不断提高自己的听力水平，还有利于建立在听力理解的情境中处理信息的自信心。

要提高学生的听力，教师还要充分利用现有的音像资源和多媒体教学设备；要为学生提供练习听力理解的时间和机会；要改变听力练习的形式，等等。只有真正依据学生的具体情况，整合各种教学资源、设备、策略、方法等，最大限度地发挥它们对学生听力学习的支持、帮助作用，满足学生的学习需求，学生的听力才能有较大幅度的提升。

四、利用英文歌曲进行听力训练

1. 利用歌曲进行听力训练的意义

（1）将歌曲用于听力教学，可以满足大多数学生的心理需求，有效培养学生学习英语的兴趣

众所周知，兴趣是最好的老师。但是，目前相当数量的学生对英语学习兴趣不大。原因之一就是，学习材料和教学方法对学生缺乏吸引力。听力练习的材料以教材内容为主，除了对话，就是独白，一些材料对学生来说没有新的信息可言。久而久之，这样的听力训练就失去了吸引力。用歌曲，特别是学生喜欢的英文歌曲来培养学生的听力兴趣，利用这种学生喜闻乐见的方式来满足学生听歌曲、唱歌曲的愿望，让学生体验"我会唱英文歌曲"的成就感，满足大多数学生的学习需要，容易激发他们的兴趣，让他们在不经意中既学习了语言，又提高了听力。对学习者来说，不仅知识是力量，兴趣也是力量。

（2）利用歌曲培养学生的听力兴趣，可以有效降低他们在做听力题时的焦虑程度

笔者在多次高考阅卷的过程中发现一个有趣的现象：每年高考的听力部分的前两道题，题目难度不大，学生的得分率却很低。同行们分析认为，原因就在于学生刚刚开始答题，过于焦虑。心理学研究表明，过于焦虑不利于学生发挥出应有的水平。即使是平时的练习，由于学生很难把握听力的内容、速度等因素，所以与读、说、写相比，听也更容易引起他们的紧张和焦虑，进而影响他们水平的正常发挥。而利用歌曲培养听力兴趣，可以使学生在比较放松的状态下参与学习活动，学得愉快而轻松。

（3）将歌曲用于听力教学，可以让学生接触真实的语言材料，使学生学得更有效

汉语是声调语言，语音的抑扬顿挫靠平仄声来调节。而英语是语调语言，语

音、语调的轻重缓急靠音的强弱来调节。无论是汉语歌曲还是英语歌曲，一般都有韵律，有节奏，因而便于上口，易学易记。学生可以通过歌曲自然地习得英语的音韵、语法、词汇和意义，并且形成对英语作为语调语言的语感。学生可以在听歌曲的过程中有效提高英语听力，培养综合运用语言的能力，学习效果就会好得多。

（4）将歌曲用于听力教学，可以让学生集中注意力，迅速进入学习状态

利用歌曲的教学意义还在于：在一节课开始时，听一首简短的歌曲既能帮助学生迅速集中注意力，让学生自己意识到"现在上课了"，又可以把听歌曲作为一种热身练习（Warm-Up Exercice），使学生迅速进入学习状态，还可以通过歌曲内容来复习或激活学生的已学知识或已有知识，为将要进行的学习做好铺垫，使学生将新学习的内容和他们的已有知识建立联系。

2. 利用歌曲进行听力教学的原则

（1）歌曲内容难度应具有层次性和可接受性

教师选择歌曲时，要正确估计学生的语言水平和听力理解能力，歌曲内容难度应该多样化，有层次。有的歌词容易一些，所有学生都能听懂；有的歌词难度略高于学生的平均水平，学生经过努力才能听懂。歌曲内容难度有层次，可以激发水平低的同学听歌曲的兴趣，使其积极参与到活动中去，而水平高的同学也有机会充分发挥和展示他们的能力，这样绝大多数同学都有所得，都能有机会表现自己，体验成功。

（2）兼顾语言的真实性和教学的可操作性

这就要求教师要处理好语言的真实性和教学的可操作性之间的关系。在课堂教学的环境中练习听力，听力内容本应力求真实，以便让学生尽可能有更多的机会接触地道的英语。但是学生毕竟是在课堂教学的环境中练习听力，要让大多数学生能够基本听懂，片面追求绝对的真实不仅不可能，也无必要，甚至是有害的。有的语言材料很真实，但是特殊的语言现象太多（比如太多的方言或俚语），没有必要让学生过多和过早地接触。在很多情况下，选择歌曲也是有具体的目标的。例如：我们往往要利用歌曲来帮助学生记忆、理解甚至运用有关语言知识，

这样的歌曲就可能有重复内容。重复内容多了，语境就不那么真实。但是，适当重复有助于学习。因此，在选择歌曲时，教师既要考虑歌词语言的真实性，也要考虑歌词语言在听力教学中的可操作性。

（3）兼顾歌曲的趣味性和教学的目的性

与听、读其他样式的语言材料一样，歌曲内容有趣，学生爱听，这是吸引学生积极参与的外部动力，不能忽视。要让学生在听歌曲时感觉是一种享受。教师在考虑歌曲的趣味性时，还要考虑学生的年龄特征。小学生喜欢的歌曲，中学生不一定喜欢；反之，中学生喜欢的，小学生也未必喜欢；即使他们喜欢，用英文也不一定唱得出来。同时，我们还必须围绕听力教学的目标，给学生提供任务听读（Task-Listening），使学生在听歌曲的过程中有意无意地、自然而然地习得语言，这个过程能辅助和促进教学目标的达成。教师根据不同的教学内容选用不同的歌曲，这样就能做到"到什么山上唱什么歌"。

综上所述，选择歌曲材料的原则归结成一点，就是应突出学生的主体地位。选择的英文歌曲材料是为英语教学服务的，而英语教学是为学生发展综合运用语言的能力服务的。所以我们在选择歌曲时，必须认真考虑这些问题：我们选择的歌曲是否适合所教年级学生的年龄特征和语言发展水平？对于教学目标的达成能否起作用，起多大作用？这些歌曲能否满足学生的学习需求？这些问题既是我们选择材料时思考问题的起点，也是检验教学材料是否有效促进学习的价值尺度。

3. 利用歌曲进行听力训练的方法

教学要有目标，目标决定任务，任务决定方法。听力训练的目标就是提高听力理解能力。因此，听力练习应以获取信息、处理加工信息和使用信息为练习的具体目标。目标是有层次的。目标不同，方法也不同。英语歌曲资源十分丰富。从教学的角度来看，歌曲既有适合儿童听唱的，也有适合青年人听唱的；既有优美的田园、乡村歌曲，也有动人的经典电影插曲；既有浪漫的爱情歌曲，也有洋溢着青春气息的体育歌曲等。歌词大都平实易懂。只要我们在日常教学工作中注意收集，不管我们的教学对象是小学生、初中生、高中生还是大学生，总有适合他们听唱的歌曲。

除了从现成的歌曲中选择听力教学的内容外，我们还可以将学生耳熟能详、易于上口的中外歌曲的曲子，拿来填词，用于听力教学。在课堂教学实践中，我们既要让学生完成教材上的听力练习，利用广播、电视以及其他音像资源，让学生听故事，听歌谣，还应该为他们提供听歌曲的机会，使他们有浓厚的学习英语的兴趣和强烈的学习愿望，从而逐步完成教学任务，实现对学生综合运用语言能力的培养。

第四节　口语教学中的问题与对策

一、口语教学的重要性

口语是"利用言语和非言语的手段建构意义和分享意义的过程"，是语言学习的重要内容。因此，语言教学的最终目标是培养学生以书面或口头方式进行交流的能力。随着国际化进程的加快，英语的交际功能日益突出，口语能力的培养显得尤为重要。

英语口语能力是英语教学评价的重要组成部分，英语口语教学也对英语教学起到很好的反拨作用，能促进学生听、说、读、看、写的全面发展。目前，我国部分地区已开始将口语考试纳入终结性考试。

从实践层面上看，全国范围内英语学习的热度越来越高。但是，英语教学中的问题也有很多，表现最为突出的就是口语教学。英语教学遭受批评最多的是"哑巴英语"教学方式。口语教学的成败不仅会影响到英语教学的终极目标，即交际能力的实现，而且直接决定了目前教学实践的步伐：要么轻松愉快，稳步提高；要么疲惫拖沓，事倍功半。因此，加强初中英语口语教学，为学生继续学好英语打好基础，是初中英语教学的重要任务。

二、口语教学存在问题的原因

语言是一种交际工具，语言的社会交际功能是语言最基本的功能。英语口语教学一直是英语教学的薄弱环节。在英语的听、说、读、看、写几种语言技能中，说的难度最大。学生能否学好英语，用好英语，很大程度上取决于会不会说。尽管口语能力的提高对学生的语言发展很重要，但是口语教学的重要性多年来在实践中一直被低估。课堂上，不少教师往往通过机械重复的句型操练和背诵对话的形式来教口语，因而虽然付出了努力，但收效甚微。

我们的英语教学尤其是口语教学存在诸多困难与问题，原因如下：

1. 缺乏必要的语言环境，听英语的机会太少

说英语的能力必须建立在大量的听英语的实践基础之上。学生听英语的机会少直接影响了说的训练。我国有些区域，特别是不发达地区的中小学生是在汉语环境中学习英语的，除了每周有限的几节英语课外，很少有接触英语的机会。课内的一点听说训练难以在课外得到复习和巩固。学生学习了英语却不会用，即使会用也往往无处可用。即使是在发达地区，学生在课外使用英语的机会也非常少。

2. 教师素质不足

不少中学英语教师的口语水平偏低，语音、语调不准确，不能流利自如地用英语教学，这对培养学生的听说能力是很不利的。教师本人的口语不够流利，在专业上还需要不断充实和提高，才能提高口语教学质量。教师在语言观、教学观、评价观等方面也还存在认识上的误区，在课堂上低估甚至忽视了口语教学。

3. 英语考试的负面影响

由于我国人口众多，学生数量庞大，一些测试虽然形式非常好，但是实施起来需要大量的人力、物力、财力以及时间和空间上的投入。因此，一些对教学实践具有很好的反拨作用的测试形式（如 2 对 1，即两个教师测试一个学生的口语），在考试中不具备可操作性。一些地方虽然尝试在中考中增加口语测试的内容，但由于组织难度大、评分受主观因素影响多等，测试效度，包括内容效度和评分效度都大打折扣。这可能在相当长的时间内都是口语测试和教学客观上无法回避的难题。因此，课堂教学目标单一、口语教学目标遭冷落的现象比较普遍。由于担心口语训练方面花的时间太多了，笔试成绩会下降，无论是教师还是学生对口语训练都未引起足够的重视。尽管教材更新了，教师还是我行我素。教师讲得多，学生练得少，口语训练只有陪衬的份儿。阅读、背诵、默写、填词、翻译、解释占据了课堂教学的大量时间，口语训练不被重视。另外，口语训练简单化、层次低。尽管学生课课都做问答练习，但内容仅限于教材上的原句（打招呼、问天气、谈日期等），根本谈不上真正意义上的思想交流。因此，测试对于初中英语口语教学的反拨作用微乎其微。

4. 班级学生人数过多

培养听说能力必须进行大量反复的练习，每个学生都要有足够的听说实践机会。而我国绝大多数中学班级容量较大，一般在四五十人。班级人数过多，教师就难以有效地组织口语训练活动，学生开口实践的机会就少，学生的口语能力自然难以提高。

5. 初中生胆怯，羞于开口

由于英语基本功不够扎实，如语音、语调不够正确、规范，词汇、句型、语法不够熟练，朗读、背诵等基本功不扎实等，学生很容易产生畏难情绪，以致产生心理障碍，怕说错、说不好，怕遭人讥笑、被批评。因此学生难开口，更难连贯叙述，越怕越不敢说，越不说就越不会说，导致恶性循环。长此以往，我们的英语口语教学就陷入了一个"怪圈"。经过中小学及大学十多年英语学习，大部分学生仍不具备有效的外语交际能力，不能适应我国经济与社会发展的需要。

三、口语教学的内容、策略和方法

1. 口语教学的内容

在英语作为外语的环境中，口语教学就是学习过程中，在合理的情境或语境中，采用沟通的方式，探索性地对口语表达目标进行的教学活动。要求学生：能根据具体的环境背景、交谈对象、情境和话题选择合适的单词和句子；内容充实、合乎逻辑地表达；使用语言表达自己的价值观和看法；快速、自信、流畅地表达。也就是说，英语口语教学包括以下内容：

（1）语音

人们常说："语音是语言的物质外壳。"没有语音的语言既不可说，也不可读，这样的语言就失去了社会功能。

（2）重音和节奏

语言都有节奏。但是，不同的语言处理节奏的方法也不同。汉语是声调语言，其句子中的节奏是由平仄声来决定的，最典型的莫过于汉语的诗词了。与汉语不同，英语是语调语言，其句子的节奏是由音的强弱来决定的。英语节奏的特点是"意群"决定节奏，换句话说，重音决定节奏，这就是要教重音的原因。如："Peter, come here, please!"如果不是在句子中，4个单词都可以重读。在这个句子中，只有两个"意群"：Peter 和 come here, please。在口语中要读成："PETER, come HERE, please！"。这样，这个句子只有两个重音。重音和节奏掌握不好，语音再好听起来也不地道。为什么英语国家的人听我们讲英语觉得"南腔北调"？原因就是我们的重音和节奏难以接受。

（3）语调

语调也是英语教学的重要内容，因为它是英语发音的重要方面，常常起着区分语义的作用。在口语中，强调重音最常见的方法不是靠音量的大小而是靠提升语调。这一点连英语是母语的人有时也有点难以把握。对于将英语作为外语的初中生来说难度就更大了。学生要把握它，必须对情境和语境具有高度的敏感性。

（4）语流

单词都有稳定的读音、重音、语调，似乎可以分开单独教学，但是我们必须清楚，在语流中，它们是相互作用的：一个单词的发音往往受它邻近的音的影响（如 -ed 这个后缀有三种读音）；重音受语调的影响；单词的重音变了，它的词性和语义也可能随之改变。

2. 初中英语口语教学的策略

影响教学质量的校内因素是管理、师资、环境和学生四个方面。要在课堂情境下教好口语，必须在解决好师资条件、管理和环境因素的前提下，选择正确的策略和方法，保证口语教学有效开展。

（1）处理好知识与技能的关系

教师一定要处理好教授语言知识和培养运用语言能力的关系。为了应试，很多教师专注于教授知识，轻视口语等技能训练。据了解，凡是课堂上英语讲得好的学生，笔试成绩也不会差。对于口语能力强的学生，教师可以在考试前帮助他们总结语言知识及语法规则。只要教师稍加指导，学生再做一些辅助练习，一般都能考出高分。可以说，语言技能促进了语感的形成，为学生掌握语言规则提供了极大的便利。同时，良好的口语能力也有助于学生对语言知识的学习。所以对于口语教学，我们首先在认识上应予以足够的重视。

（2）给口语训练足够的时间

做好任何事情，都要有一定的时间保证。教师要舍得花时间带学生进行口语训练，重视并切实用好教材提供的口语练习活动，组织好教材中设计的 Pair Work、Group Work、Class Discussion 和 Interview 等各种口语活动，鼓励学生相互帮助、交换意见，让学生派代表在全班阐述自己或组内同学的观点，教师恰到好处地对学生的发言进行短暂讲评或就学生发言的内容提出问题，以活跃学生的思维，促进师生双向交流。这样就能让学生在语言活动中逐渐获得运用语言的能力。

（3）允许学生做口语练习时出现错误

课堂教学中出现的一些错误不仅是一种正常的现象，而且是一种重要的学习资源。学生说错了是因为其头脑中还没有形成正确的东西，或有了正确的东西却没有学会正确表达。就语言学习而言，犯错误也是语言学习过程中的必然现象。学生专心说英语时，教师的纠错会打断学生的思路，破坏其语流，让学生因害怕出错丢面子而越发不敢开口。因此，在学生说英语时，教师的角色是帮助者、鼓励者、支持者、指导者，最好不要当评价者，更不能当批评家。这样，学生才有安全感，才敢开口。

对于学生的语言错误，教师要根据语言活动的性质区别对待。一般来说，我们把语言学习活动分为交际性活动（Communicative Activities）和非交际性活动(Non-Communicative Activities)。在交际性活动中，教师最好避免纠错，或只纠正关键错误；在非交际性活动中，教师应采取适当的纠错策略，不能随意纠错。对交际造成很大干扰的错误，应予以重视。不影响语言表达的可接受性原则的小错误，随着进一步的语言学习，自然会被逐步解决。纠错主要应依靠学生本人，教师的任务在于培养学生说英语的兴趣、语感以及对自己和他人话语的识别能力，在此基础上促使学生不断地自我纠正，使错误逐渐减少。

（4）激励学生开口说英语

说英语的能力只能通过说的实践才能逐渐培养起来，所以教师应多给学生开口说英语的机会。教师要鼓励学生大胆开口，让学生明白谁越是敢说、多说，谁就越早学会说英语。学生开始说英语时，免不了会有些紧张、害怕、害羞，教师应热情地鼓励，及时帮助，适当引导，鼓励学生说下去。一个宽松、民主、平等的环境，一副和蔼可亲的面容，一个鼓励、期待的眼神，都能帮助学生顺利地说英语。每当学生能正确地说出想要表达的意思时，教师要加以肯定和鼓励。对口语表达能力有提高的学生，教师要及时表扬，使学生看到自己的进步，真正感到鼓舞和愉快，并产生自信心和主动性，进一步想方设法提高说的能力。

（5）坚持校内口语评估

口语测试是保障口语训练的有效措施。它能引起学生对英语口语足够的重视，还能让他们及时了解自己的口语训练成果。因此，教师要坚持在日常教学中做好非正式评估，并在期中、期末和毕业考试中做好正式评估。只有教学，没有评估，这样的教学是不完整的；只有教学，没有围绕学习目标的全面的评估，这样的教学也是不完整的。进行口语测试时可以采用这样几种形式：

①听口令做出反应，目的是测试学生的听力理解能力；

②朗读短文或表演对话，督促学生课外朗读，训练良好的语音和语调，培养语感；

③情景反应，即提供一个较为简单的情景，要求学生使用日常用语作出恰如其分的反应，活用课文对话中学过的有用材料；

④看图说话，即检测学生识别、组织和口头表达信息的能力；

⑤复述故事或课文，考查学生的口头概括能力和重新组织语言文字的能力；

⑥口头作文，测试学生的想象、构思、组织和表达能力，有一定难度，适合知识储备较丰富的学生。

3. 初中英语口语教学的具体方法

语言学家认为，学生应通过互动学口语。初中生的主要互动形式是在用英语做事的过程中学会英语（Learning by Doing），包括口语。主动参与口语学习，学生才能学好口语。要提高课堂教学效果，就要充分发挥教师的主导作用和学生的主体作用，采取有效措施激发学生的学习兴趣，调动学生的学习积极性，让学生自觉地、主动地开展学习。因此，我们不能忽略学生的主体性地位，要采用有效的方法帮助学生提高口语能力。

（1）模仿

按照英文范例进行创造性的模仿。在听完录音或教师的朗读后，学生就一个句子、一个对话、一篇文章反复模仿，直到能熟练地脱口而出。范例给学生提供了所要学习的标准英语，学生以范例的基本结构为基础，对范例的内容稍加修改，加上自己的观点，就可以创造性地使用语言了。

（2）背诵

不背诵就没有积累，没有词汇和句子结构的积累，要想说好英语是不可能的。背诵不仅是英语语言知识积累的过程，也是训练英语发音、节奏、连贯、停顿以及换气的有效方法。教师可以选择学生喜欢的材料让他们朗读和背诵。选择的材料最好有录音，且语音、语调纯正。要注意的是，不要急于背诵而忽略了足够的朗诵。

（3）游戏

游戏是初中生最感兴趣的事情，游戏的过程也是学生学习的过程。教师应结合教学内容，创造性地设计游戏，让学生在有趣的游戏中自然而无压力地学习口语。

（4）竞赛

在学习活动中，具有竞赛性质的活动更能调动学生的积极性。英语口语竞赛的内容可以从字母、单词、短语开始，发展到句子、语段、童谣、儿歌、歌曲和讲故事竞赛，等等。形式可以是单人竞赛，也可以是两人以上的小组竞赛。

（5）问答

问答能力是与人交际的基本能力。提问可以是口头的，也可以是书面的；可以自己练，也可以和同学一起练。在训练的过程中，质和量同等重要，问答要尽量做到准确，信息量大而适中。教师可用抢答积分的方法引入竞赛，激励学生参与。由于问答具有"信息差"，教师可以将最后收集到的信息作为评估标准。

（6）猜谜

猜谜活动的应用范围广泛，很多教学内容都可以利用猜谜活动开展。在口语教学中，教师要结合教学内容，组织一些猜谜活动，调动学生的参与积极性，操练学习内容。

（7）讨论

学习完某教学内容后，教师组织学生以小组合作学习的形式就他们关心或感兴趣的内容开展讨论、分享，探求解决问题的办法或得出结论。讨论前，教师设定主题，并让学生明确主题，以便让讨论始终围绕要操练的内容或主题进行，同时要注意避免学生离开主题而闲聊。

（8）角色扮演

教师设定情境，让学生在特定情境中扮演各种各样的人物角色。在角色扮演前，学生要清楚他们所扮演的角色的喜好及特点等。

（9）头脑风暴

教师给学生一个话题，让学生在规定的时间内说出自己的想法或了解的内容。头脑风暴活动可以以个人或小组形式开展，学生要迅速自由地开动脑筋，说出自己的想法。这个活动的重要特征就是教师不能对学生的想法横加干预，更不能批评他们的想法，否则学生的头脑里就不会有"风暴"了。教师必须以开放的态度对待学生的想法。

（10）讲故事

先让学生阅读故事或听故事，然后简洁地概括故事或根据故事自己编一个新故事，并说给大家听。讲故事的活动可激发学生的创造性思维，让他们按照故事的要素（时间、地点、人物、事件、起因、经过、结果）进行表达。除了故事外，教师也可以鼓励学生讲笑话等，这样不仅让学生练习了口语，还能有效地集中他们的注意力。

（11）会谈／采访

教师提出一个问题，让学生会见并采访不同的人，了解不同的人对同一问题的看法。教师要事先给学生一个评价表，让学生知道，他应准备哪些问题，以什么样的思路和方式去提问才能得到他需要的信息。采访结束后学生要介绍或代表小组介绍自己汇总的信息。采访活动不仅为学生提供了在课内外提高英语口语能力的机会，同时也能给学生提供社会实践的机会。

（12）编故事

编故事是学生非常喜欢的活动。教师可以将学生分成若干小组，小组成员围坐在一起，由一个学生说出故事开头，然后全组学生依次续编，每人必须至少给故事增加一两个或更多的句子（视具体情况而定），同时扩充人物和事件，把故事编下去。

（13）看图说话

根据教师提供的一系列图片，学生依照图片顺序讲述。同样，在讲述前，教师要提供完成任务的标准，包括要用哪些词汇和句子，让学习活动有目的地进行下去。教师也可以把学生分成若干小组，仅给每组学生一幅图片，让学生描述图片内容。此活动不仅培养了学生的口语能力，还培养了他们的创造力和演讲能力。

（14）归纳异同

学生两人或两人以上为一个小组，教师给每组学生两张内容不同的图片，让学生尽快找出两张图片的相同和不同之处，然后向全班同学报告。

口语教学是英语教学的重要组成部分，口语能力对于英语学习意义重大。目前大多数教师已经意识到口语教学的重要性，而且在课堂上会使用不同方法尝试进行口语训练。大多数学生也意识到学会讲流利的英语是非常重要的，不能因为胆怯而不敢开口。只有循序渐进，持之以恒，充分发挥教师的主导作用，尊重学生的主体地位，才能提高学生的英语口语表达能力。

第五节　阅读教学中的问题与对策

一、要重视阅读教学

1. 运用英语阅读教学培养学生的核心素养

《新课标》在"课程理念"首条提出，英语课程要"发挥核心素养的统领作用"，并在"课程目标"部分阐述了核心素养的内涵：核心素养是课程育人价值的集中体现，是学生通过课程学习逐步形成的适应个人终身发展和社会发展需要的正确价值观、必备品格和关键能力。英语阅读是培养学生核心素养的重要途径之一。英语阅读不仅能提高学生的英语语言水平，还能培养学生的文化素养、思维能力和创新精神。阅读教学在初中英语教学中一直处于重要地位，一方面是因为对阅读理解能力的考查在中考中占有较大的比重，另一方面是因为阅读教学在整个英语教学中对发展学生核心素养的作用最大，是落实学生核心素养的主阵地。

在初中英语教学中，教师如何基于核心素养重构课堂教学，从"教"的视角逐渐转移到"学"的视角，培养学生的英语学习能力和学科学习必备品格，已然成为当前课堂教学改革的重点。阅读是英语学科教学的"大块头"，通过阅读，学生可以获得大量有效的语言输入，从而为语言输出能力的发展奠定基础；通过阅读，学生可以掌握构造句子、段落和篇章的方法，为英语写作打下坚实的基础；通过阅读，学生可以开阔视野，丰富阅历，陶冶情操，增强国际交往意识，提高跨文化交际能力。阅读教学的意义不言而喻。在实际教学中，教师应该开展指向核心素养培养的阅读教学实践，在激活知识经验、培养阅读技能以及发展高阶思维的过程中，提高学生的阅读能力，促进核心素养的"软着陆"。

2. 非母语教学（EFL）环境下英语学习必须重视阅读

外语学习不可能像母语那样，有足够的甚至更多的不加选择的有声语言和书面语言的输入，也不可能像母语那样在日常生活中逐渐习得。英语作为外语的特点决定了我国学生英语语言能力的形成与母语语言能力的形成过程不同。在此过程中，足够的书面语言的输入是个无法逾越的关键环节。没有足够的可理解的书面语言的输入，要提升学生的综合运用语言的能力几乎是不可能的。

笔者曾作为某电视台组织的"青少年英语才艺大奖赛"预赛的评委之一，经历了一件很有意思的事情：在比赛间隙，每当我们评委休息时，一个大约四五岁、非常可爱也非常淘气的光头小男孩常常跑过来和我们交谈。在所有的参赛选手中，这个小选手虽然年龄最小，但是英语说得非常流利、地道。我问他："Who teaches you English?"小男孩不假思索地回答说："Myself."然后又加了一句："And I teach my mom!"在场的中外评委都被他逗乐了。我故意摇着头对那个小家伙说："It seems impossible!"谁知他紧接着说："Nothing is impossible!"我们都为他的英语口语水平而感到诧异，并猜想，这个孩子可能是在英语环境中长大的。当小男孩的妈妈过来接他时，我们的猜想得到了证实：小男孩是在美国长大的。同国内年龄比他大得多的选手相比，他的英语熟练得多。原因是什么？就是因为他在美国有足够的机会去习得语言，使他潜移默化地接受了英语口语的熏陶。

国内学生绝大多数没有接受这种"熏陶"的机会，要发展综合运用语言的能力难度相当大。参加这次英语口语大赛的学生都是从国内著名大学的英语专业学生中层层筛选出来的。这些选手在表演自己准备好的内容时从容不迫，侃侃而谈；但是在即兴回答外国评委提出的问题时，有的连问题是什么都没有完全听懂，有的即使听懂了，回答的内容也显得幼稚可笑。

以上事例说明，在英语作为外语的环境中，过分强调"听说领先"可能不太妥当。因为，"听说领先"做得再怎么好，也仅仅是在40分钟的课堂上。离开了课堂，听说的机会，特别是同以英语为母语的人交流的机会还有多少？

3. 阅读是学生学习的重要途径

阅读是视觉学习的重要方法。这里所说的阅读，不仅要识别文字（解码），还要阅读插图、图表等非文字的东西。科技、科幻类书籍是学生课外阅读的首选，漫画类书籍、童话、侦探小说类书籍也很受欢迎。与读"文"相比，中小学生更青睐读"图"。这是因为，一个人从出生那天起就是靠图像来识别人和物体的。随着时代的发展，孩子自小就生活在图的世界里：低幼读物上主要是图，电子读物上有丰富的图片，电视节目图文并茂，大街上大型图片广告随处可见……可以说生活在图的世界里的孩子已经养成了读图的习惯。随着年龄的增长，也为了适应孩子思维能力发展的需要，文字读物多了起来并逐渐取代了图像类读物的位置。但是我们不要忘记：人既要发展逻辑思维能力、抽象思维能力，也要发展形象思维能力。所以在初中阶段，阅读理解包括对文字和图画、图表的阅读和理解。

可以说，对于很多初中生来说，学习英语就是要阅读。阅读，阅读，再阅读！我们必须牢记下面两句话：

The more you read, the better you get at it; the better you get at it, the more you like it; and the more you like it, the more you do it.

And the more you read, the more you know; and the more you know, the smarter you grow.

二、阅读教学中的主要问题

1. 中学生的英语阅读现状调查

此调查在网上进行，问题如下：

你是如何进行英语阅读的？

A. 只阅读课文

B. 只阅读课文以及练习中提供的文章

C. 偶尔阅读英文报纸、杂志及文学作品

D. 经常阅读英文报纸、杂志及文学作品

E. 其他

被调查者共 7355 人。选 A 项者为 264 人，占 3.6%；选 B 项者为 5754 人，占 78.2%；选 C 项者为 1261 人，占 17.2%；选 D 项者仅为 76 人，占 1%。选 B 项的比例如此高说明学生英语阅读的目标过分单一：阅读仅仅就是为了考试。在他们看来，教材内容和教师布置的练习中的文章是与考试有关的，所以要读。英文报纸、杂志和文学作品与考试没有直接的关系，可读可不读。另外，学生很少阅读英文报纸、杂志及文学作品可能是因为各学科大量的课外作业挤占了他们的阅读时间。

2. 初中英语阅读教学中的问题

目前，很多教师都认识到阅读对于英语学习的重要性。但是在初中英语阅读教学中，课堂上的阅读还存在不少问题。

（1）阅读课上无阅读

有的教师仅仅让学生听一两遍课文录音，然后便以对课文中单词、短语的讲解代替了学生的阅读，或者重点讲解单词或短语，然后象征性地读一遍课文了事。学生在课上没有阅读的机会。

（2）有阅读无理解

初中英语每一个单元都有很多生词，学生如果没有充分预习或者虽然预习了，但因文章难度太大，读了也无法理解。在这种情况下，有的教师开展所谓的"自主学习"，让学生自己阅读，或跟着录音阅读，其结果就是有阅读无理解。

（3）忽视了阅读策略的训练

不管是哪种阅读，学生都以同样的方式阅读，以类似的方法完成不同的阅读任务。

（4）应试式阅读

因为考试是阅读短文后做选择题，课堂上的日常阅读训练也紧盯着选择题。教师在检查阅读情况时仅仅对答案，很少要求学生阅读。这种现象在九年级特别普遍。

（5）精读、泛读不分

结合教学目的，教材中有的文章要精读，有的文章要泛读。但是，有的教师精读、泛读不分，有的处理得过分精细，有的则全都泛泛而读。

（6）不重视课外阅读指导

重课内，轻课外，主要表现为阅读量不达标，阅读面太窄等。

3. 学生阅读行为上的偏差

由于考试、教师指导等多方面的原因，学生在阅读的行为方式上也存在着许多问题。

（1）不分精读、泛读，逐字阅读

过分依赖自下而上的（Bottom-Up Approach）阅读策略，过度关注细节，把注意力放在语言点与语法分析上，大大降低了阅读速度。

（2）过分依赖工具书

由于掌握的单词和短语数量少，学生不得不依靠词典查找词义，依靠汉语释义理解文章，影响了阅读的速度和效率。

（3）急于求成，没有读就想背

有的学生想尽快完成教师布置的背诵课文的任务，没有将文章读熟就急于背诵，结果影响了阅读兴趣。

（4）应试式学习

学生只关注文章中的单词、短语和句子结构，结果捡了芝麻，丢了西瓜，忽略了对文章的整体把握。

三、初中英语阅读教学面临的挑战

初中英语阅读教学面临的挑战是由知识的讲解和题目的练习逐步过渡到培养并最终形成指向核心素养、实践英语的学习活动观。传统的英语阅读教学模式以教师为中心，只是快速地翻译文本，然后解释相关的语言知识点，教学活动主要围绕教师帮助学生解决语言知识障碍，解释单词、表达方式、句子和句群的意义而展开。美国学者 Gough 认为，这是一种单向的"自下而上"的信息加工模式，这种信息加工模式把阅读过程看成一个直线形的过程，即阅读过程由音素开始，再到音节、词语、句子及语篇各个由低到高的语言层次，较低层次的语言识别不受较高层次的影响。在这种模式下，教师更多关注不同阶段静态语言知识的教授。由于主体地位被忽视，学生只能在教师的指导下被动地建构知识。阅读被视为学生接受语言刺激并作出反应的一个被动的学习过程。这种模式下的教学方式枯燥无味，不利于提高学生的阅读实践能力，也忽略了对学生综合语言运用能力和核心素养的培养，背离了素质教育的课程教学导向。

英语阅读教学要以素质教育为导向，而教学效果最终要靠测试来评估和体现。在初中英语测试题型设置中，阅读一直占据较大篇幅和比重，学界亦有"得阅读者得天下"的说法。随着《新课标》的颁布和实施，中考英语的试题题型也在不断发生变化。其中，阅读的分值出现增大的趋势。显然，中考题型的调整和变化背后离不开推动《新课标》深入实施的考量，其价值追求充分考虑到英语课程改革的需要。

《新课标》的实施以及中考题型设置的变化是引领英语教学改革的风向标。当前，初中英语阅读教学改革显得尤为重要。鉴于现实的升学压力，很多地区的学校在中学阶段为有效提高学生的英语成绩，习惯将夯实学生的英语基础知识技能作为阅读教学的主要目标。同时，受教师自身教学能力水平、传统教学观念等各种因素的影响，初中英语教师在阅读教学的实施过程中，仍然存在拘泥于应试教育而缺乏创新意识、阅读教学模式缺乏逻辑性和层次性、忽略多种阅读策略训练等。初中阶段是学生提高英语阅读能力的关键时期，也是打好基础的重要阶段。因此，教师要做好阅读教学的调整工作，有针对性地提升学生的阅读技巧与能力。

四、初中英语阅读教学课堂的"舍"与"得"

1. 转换课堂角色，注重学生的主体地位

传统的阅读教学课堂是以教师为主体，教师自主地输出课堂内容和把控学习进度，忽略了学生的实际学习需求，导致学生在学习过程中总是似懂非懂。针对这个问题，现阶段教师要极力转换课堂角色，注重以学生为主体来设计教学内容和方法，以促使学生高效学习。第一，教师要舍弃自身的主体地位，以学生为重点来开展课堂教学，并随时调整教学方案以满足学生的学习需求。第二，教师要从学生的实际情况出发，以符合学生思维认知的内容让学生学有所得，让学生有最大的学习收获。

如在进行"Enjoy Our Days"一课的教学时，教师要从学生的实际出发，做好课堂的"舍"与"得"。在课前，教师要先从学生的学习需求出发来准备课堂内容，包括学生需要了解和学习的单词、短语，如 enjoy our holiday、join in、sincerely hope you will enjoy the coming days with us 等。在课堂上，教师要注意根据学生的实际情况，逐步地引导学生深入学习，可先给学生讲述和渗透相关的英语单词，在学生能初步理解和应用的基础上，再逐步延伸到对短语、句子和语法以及替换词语的学习，如 take part in 可替换为 join in 等，要在学生有所得的同时，让学生学习更多的英语知识。在学生对阅读文本有了相对全面的认识后，教师再从文本的框架、结构和思路等方面进行详细解释，以让学生获得最大限度的学习成果。教师在教学过程中转换课堂角色，在教学中做好"舍"与"得"，尊重学生的学习主体地位，有效地提升学生的课堂学习效率。

2. 摒弃老旧思想，融入新的教学方法

综合来看，"填鸭式"和"满堂灌"的授课方式早已不适用于日渐发展的教育改革，舍弃老旧的教学理念和方法，融入新的元素和思想，是教育发展的趋势。因此，教师在教学过程中也要改善自身的教学方法，转变教学理念，通过创新教学方法来实现课堂教与学的和谐，进而促使英语阅读教学获得长足发展。一方面，教师要转变教学理念，将现代化的教学方法融入阅读教学课堂，如建模教学法、多媒体教学法等，结合课堂内容，高效地开展教学。另一方面，教师在课堂上要积极与学生互动，与他们互相提问和讨论，尽可能让学生深入学习英语知识。

如在进行"Food and Lifestyle"一课的教学时，有些教师知道这节课的内容在广度上有着很大的可扩充性，但传统课堂教学的封闭性导致学生了解的内容较少。对此，教师在教学时，可将课文内容以图片或者英语视频的形式呈现出来，并加上一些课堂重点内容，如 hamburger、hungry、energy、keep fit、good luck with your new diet and lifestyle 等，注意利用多媒体教学技术将课文内容以碎片化知识的方式呈现，让学生对课文有一个大致的了解。在这个基础上，教师再结合建模教学法，对文章的思路和框架进行梳理，可按照 Food—Energy—Exercise—Health—Lifestyle 的思路给学生展示，让学生结合之前的知识碎片和建模框架，对课文有本质的认识。这既能使学生有效地加深对课文的理解，也能激活学生的思维，在很大程度上实现对课堂内容的丰富和扩充，让学生接触更多的知识内容。教师在教学过程中，要摒弃传统的教学思想，融入新的方法来丰富课堂内容，在较大程度上活跃课堂学习气氛。

3. 精炼课堂内容，让学生学有所得

初中阅读文本的内容较多，但有许多内容对于学生来说只需要了解即可，不能花费太多的时间和精力去学习，以免得不偿失。对此，教师在教学过程中，可舍弃这部分内容，让学生精读文本内容，帮助学生提取知识精华，引导学生高效学习和融会贯通，以此来提高课堂学习效果。首先，教师要站在学生的角度，对阅读文本的内容进行提炼和精加工，保证学生在课堂上能有所得。其次，教师要帮助学生进行知识分类，分清哪些需要深度学习，哪些了解即可，从而促使学生能有良好的学习思路。

如"Teenager Problems"这节课的内容和学生的生活学习接近，学生通常会表现出较大的学习兴趣。上课时，教师可先就文章中提到的知识点和学生进行讨论，如what's wrong with you、have got a problem、eat too much 等，并鼓励学生根据提到的语句，互相用英语进行提问。在这个过程中，教师也要及时参与学生的讨论，及时给学生指出语言错误，并帮助学生规划讨论和提问范围，并有条理地给学生呈现文本阅读内容，可按照 Question—Answer—Brief-Discussion 的模式来进行，对于文本内容中不重要的部分，教师可让学生了解即可，并将文本从整体上加以划分，以此来促使学生高效学习。教师在教学过程中要精炼加工文本阅读内容，让学生能学有所得，有效地帮助学生巩固课堂上学习的基础知识。

4. 注重教授方法，培养学生的自主阅读能力

自主阅读能力是核心素养教学理念的重要内容，也是英语阅读教学的终极目标。然而，教师在进行传统教学时大都注重对知识的传授，忽略对学生进行学习方法的培养。因此，现阶段教师在教学中，要注重向学生传授英语阅读方法，结合英语学习特点培养他们的自主阅读理解能力，强化阅读方法和技能。一方面，教师要全面、系统地开展阅读教学，引导学生逐步了解阅读的内容、框架和学习阅读英语文本的方法，进而使学生的阅读理解能力和获取知识技能双重提高。另一方面，教师要注重让学生摒弃中式英语思维的干扰，培养英式思维，即从英语文化的角度去阅读文本和学习。

如"Art World"的文章是英语阅读文本的典范，包含了较多的英语文化。但学生由于受中式英语的影响，在阅读文本时常常臆想和推测，导致对文本的理解产生错误。对此，上课时教师要培养学生的英语思维，引导学生从英语的角度去学习和理解课文。教师可先帮助学生梳理疑难词汇，如 abstract、bright、colorful、English literature 等。在帮助学生排除词语的疑难问题后，教师要引导学生从英语文化的角度去了解和解析课文。如对于 Sculpture，教师可先给学生讲述相关的英语文化，包括形状、色彩、折射出什么含义等，让学生充分了解英语文化，然后教授一定的阅读方法，如画出重点词句、如何从英式角度思考等，并给学生推荐一些文本，鼓励他们自主阅读。教师要结合课堂内容的讲授，从文本的内容、形式，思维、文化以及阅读方法上，给学生进行大致的讲解，在学生有了相对全面的认识后，再让学生尝试自主阅读，以此来提高学生的阅读理解能力。教师在教学过程中要引导学生学习和了解相关的英语文化，并讲授阅读方法，鼓励学生自主阅读英语文本，促进他们自主阅读能力的提高。

五、放宽学习规则，促使学生全面发展

1. 运用课前自主预习策略，清除学生的阅读障碍，培养学生的自主学习能力

Plaget 认为："学习是一个积极主动的建构过程，学生不是被动地接受外在信息，而是利用原有知识结构，主动地、有选择地获取信息，并建构新的知识结构；学习过程必须突出学习者的主体作用，关注学生的个性化特征，使学生在知识学习中获得合理的个人经验，并且达到内化，从而使知识转变成能力；知识不可能仅由外部传授获得，人们应该以自己的经验背景为基础来构建现实和理解现实，从而形成知识。"

学生是学习活动的主体，教师是学生学习的组织者，学生是在教师指导下构建知识、发展技能、拓宽视野、活跃思维、展现个性的。学生的自主学习能力也是在教师的指导下形成的。自主学习能力就是学生的终身学习能力。但是阅读课内容多，一节课既要解决词汇问题，又要让学生看懂文章、分析文章，困难重重。受课时限制，英语单词、短语的认知在阅读课上不能占用大量时间，重点是对阅读文本的分析和语言的运用，因此课前预习尤为重要。

（1）利用微课自主预习

微课（Micro Course）是指以 PPT 为主要载体，用录屏软件录制的 5 ～ 8 分钟的一段教学视频，记录教师围绕某个知识点或教学环节而开展的教学活动全过程。随着"互联网＋教育"这种信息技术与学校教学有效结合的教学方式越来越广泛地应用在教学实践中，网络信息资源被有效地融合到现代教学中，学生可以通过网络获取更多的知识。互联网英语教学不仅提高了学生的学习效率，也培养了学生发现问题和解决问题的能力。教师可以利用微课，采用"翻转课堂"的教学方法，让学生由被动学习向主动学习转变，把传统的学习过程（教师讲，学生听）翻转过来。教师将知识点制作成微课上传到网络平台，让学生在课外时间完成针对知识点和概念的自主学习，学生可以用更短的时间获取教育资源，用更直观的方法抓住信息，发现重难点。课堂则成为教师与学生互动的场所，教师主要进行答疑解惑，学生分组汇报讨论，从而达到更好的教学效果。微课是课堂教学的有效补充，并非取而代之。在与传统教学结合时，微课虽有不可超越的优点，但也有自身的不足之处。首先，微课因微而受限制，英语教学中很多完整的教学环节通过微课是达不到效果的。其次，英语教学需要培养学生听、说、读、看、写的综合能力，微课尚不能满足全面培养学生英语能力的要求，所以教师要通过制作微课发挥指导和监督作用，要布置预习提纲，并指导学生看微课。

（2）布置预习提纲

学生要在教师布置的预习提纲指导下预习。讲授阅读课前，教师要精心为学生设计并布置预习提纲，预设合理的教学目标和自主学习检测题，对学生自主学习进行指导。这就对教师提出了较高的要求。教师在讲课之前要认真通读教材，搜集与之有关的材料。预习提纲包括学习目标、重难点、重点词汇及用法、自主学习检测等。如："The Storm Brought People Closer Together."这节课的预习提纲包括：①熟读并背诵短语、句型；②在文章中找到含有这些短语的句子并翻译成汉语，查字典总结这些短语的用法；③大声跟读课文并录音。阅读教学主要是读，但英语课上没有那么多时间训练学生读的能力，因此教师可以布置作业课下让学生跟读课文，注意对语音、语调的模仿，然后录制视频。抑扬顿挫的朗读能让人融入情境，感受语言的神奇、内容的丰富多彩，了解作者想说什么，与之产生共鸣。Howard Gardner说："每一个孩子都是一个潜在的天才儿童，只是经常表现为不同的形式。"每个学生都有自己擅长的领域和智力特点，有自己的学习类型和方法。教师应给学生提供空间和舞台，让他们用最佳的方式，发挥自己的长处，展示自己的才华，培养各种能力。培养学生的自主学习能力是每个教师的责任。学生在自主学习中利用预习提纲和微课这些资源，有了更大的自主权和获得感，这也为教学带来了活力。

2. 兴趣策略——让学生对所学知识产生兴趣

孔子曰："知之者不如好之者，好之者不如乐之者。"教育心理学告诉我们，如果学生对某一事物的兴趣迁移到某一学科，学习就会成为一种乐趣。教师可以采用多种方式激发学生的阅读动机及阅读热情，从而培养他们良好的阅读习惯。课上教师可以在适当的时候播放与文章有关的歌曲、视频、电影片段等，采用竞赛、表演、合作探究等方式教学，使阅读课生动有趣，改变枯燥的阅读课模式。

（1）课前热身

课前热身是教学的第一个环节，可以激发学生的兴趣和好奇心，吸引学生的注意力，促使学生尽快投入英语学习中。为了开启学生的英语思维，提高他们的英语学习热情，教师可以用以下方式热身：

①值日生报告。倡导学生阅读英文小故事或者短文，第二天做值日生报告，复述自己所读的短小文章的内容并谈自己的感悟。这种做法既锻炼了学生的口语能力，又促进了学生阅读能力的提升，还营造了良好的英语学习氛围。

②歌曲热身。大多数人都对唱歌感兴趣，把英语学习与学生的爱好相结合，让学生对所学知识产生浓厚的兴趣，这是学习英语的一个好办法。教师可以根据教材内容和教学需要选择曲调优美、内容健康、易于学唱的歌曲，让学生欣赏或跟唱。学生在愉快地学唱歌曲的同时，也学到了相关的语言知识，如"You are my sunshine.""Five hundred miles."。在学习一篇有关乡村音乐的文章时，笔者为

学生播放了 John Denver 的 *Country Road*, *Take Me Home*,并向他们介绍了乡村音乐的相关知识。在学习与 if 引导的条件状语从句有关的课文时,教师可以课前让学生学唱 *If You Are Happy* 这首欢快的歌曲。学生边唱边做动作,把歌曲这种人们喜闻乐见的形式与语法知识联系起来。

③英语视频热身。视频画面生动,集视觉、听觉刺激于一体。视频有情节,直观性强,图文、声音同时呈现,能吸引学生的注意力,让学生的思绪紧跟课堂教学,记忆效果明显。视频内容可以是优秀电影片段、小品,也可以是宣传片。在观看视频前,教师一定要提前准备好与视频相关的问题,问题要结合学生的实际,不能超出他们的实际水平,让绝大多数学生都能参与其中,避免尴尬的氛围。在学习"Bus Driver and Passengers Save an Old Man"一课时,教师可以让学生先欣赏沈腾和马丽的小品《扶不扶》。该小品是关于一直被大家热议的"老人摔倒了扶不扶"的社会话题的,正好与课文内容有联系。在小品结束时教师可以提问:"What's your attitude to the affair? Will you save her or not when you are in the situation? Let's learn an article about an accident. What can we learn from the driver and the passengers?",通过问题的预设和回答宣传了正能量——乐于助人是我们的传统美德,以培养学生树立正确的人生观与价值观。

(2)播放学生录制的视频作业,给学生提供展示自我的平台,让学生爱上朗读

大声朗读可以加深记忆,增强自信心,培养胆量。在朗读过程中,学生可以欣赏自己的声音,这是种美的享受。伴以节奏、韵律、情感的朗读,既是一种美的体验,也是对自身性格的良好培养。内向的人多为说话声音小、不善于表达情感的人。如果学生能抑扬顿挫、饱含激情地诵读,也就是能把自己的勇气、力量、情感表达出来,就会变得外向。研究发现,诵读可以激活大脑多个区域的活动血流量并使神经功能的调节处于良好的状态。坚持诵读,大脑就会更灵敏好用,记忆力、注意力等学习能力就能得到提升。另外,反复诵读能够激活人的感知能力并能和右脑中贮存的信息产生共鸣,得到一种特有的生命体验和感受,进

而把这些宝贵的感知浓缩和储存起来，形成感知能力。随着年龄的增长，感知能力会得到进一步发展。朗读如此重要，教师在阅读课上要合理安排朗读时间，不能忽略这一环节。

英语的阅读教学通常要求一节课结束阅读和分析，没有充裕的时间让学生锻炼、展示他们的朗读才能。因此教师可以让学生课后深情地朗读所学文章，反复练习后录制视频，课上采取抽签方式选择 2 名学生的视频播放。把每个学生的名字写在签上，每堂课找一个学生到前面抽 2 个签，被抽到的学生的视频就会在大屏幕上播放。每个学生都有表现欲，都想把自己最美好的一面展示给大家，因此他们课后会认真完成这项预习作业，坚持练习，一遍遍录制，直到自己满意，以便在教师搭建的这个平台上展现自己的风采。这样做既提升了学生的阅读能力，又调动了学生朗读的积极性。

（3）看英文电影，了解文章内容和背景，对所学文章产生兴趣

如 "He Lost His Arm But Is Still Climbing" 这篇文章的主人公 Aron Ralston 在 2003 年 5 月峡谷探险时遇到意外，右臂被夹在石缝中无法动弹，他只好借由身体的力量靠在峡谷岩壁上，这样支撑了 5 天之后，他突然想出了一个匪夷所思的办法，用刀割断了自己的手臂，并且成功地救了自己。他断肢六小时后由直升机救走，抢救医生说：再晚一个小时获救的话，Aron Ralston 就会因失血过多而不治而亡。2004 年 Aron Ralston 出版的回忆录 *Between a Rock and a Hard Place*（《生死两难》）中详尽地叙述了这段惊心动魄的经历！而他的真实经历也被拍成电影 *127 Hours*。他在生死两难中做出了正确抉择，绝不放弃。教师可以组织学生看 *127 Hours* 这部电影，整体感知文章内容，了解文章背景，以便更好地把握课文内容。通过观看电影，学生也能激发起对这篇文章的学习兴趣，以饱满的热情投入学习中去。

课堂上也可以进行猜词竞赛，然后小组评比。除此之外，戏剧表演也可以让课堂气氛活跃，让学生产生兴趣。

3. 成功策略——让学生体验成功的快乐

学生的基础不同，能力也各有差异，因此在课堂教学中的表现各不相同。阅读教学中，教师要重视学生的感受，问题的设置要分层次。对于那些浅层次、阅读中能直接找到答案的问题，要留给基础较差的学生回答；那些需要概括、推理及综合运用语言的习题留给能力较强的学生，让学生都参与课堂并体验学习的快乐。对于那些五花八门的答案，教师要给予肯定。即使学生回答得肤浅甚至片面，教师也切忌"一棒子"打下去，而应当鼓励引导，积极推动学生主动参与学习。

4. 正确运用阅读策略，提升学生的阅读能力

阅读策略（Reading Strategies）：阅读策略是指阅读主体在阅读过程中，根据阅读任务、目标及阅读材料的特点所选用的促进有效阅读的规则、方法和技巧。在课堂上教师是管理员（Controller），在开展略读、扫读活动时，教师要明确说明阅读时间。学生的阅读能力的提高离不开教师精准、得当的指导，也就是教师要恰当使用阅读策略，让学生开展训练。

（1）预测（Prediction）

预测是指阅读时读者根据文章标题、文中插图以及自己的所学知识推测文章内容以及情节的发展。学生要根据自己的经验以及背景知识，针对阅读文本内容发展提出假设，带着假设继续阅读，并对假设进行检验，最后回答问题。如"He Lost His Arm But Is Still Climbing"文章中有一幅插图。根据插图中情景及标题，学生能够回答以下几个问题：What is the article about? What tense does the writer use in the article? What happened to him? What kind of person is he?

（2）略读找中心（Skimming）

通过略读快速浏览全文的重要信息，不要逐字阅读。每段的首、尾句常常是一段的主题句（Topic Sentence），文章通常开篇点题，表明意图，直奔主题，主体段展开要点，结尾段总结呼应要点。

以"The Storm Brought People Closer Together"第一段为例，最后一句"The

news on TV reported that a heavy rainstorm was in the area." 就是段落的中心句。第二段开头句 "Everyone in the neighborhood was busy." 是段落主旨。两段合到一起介绍暴风雨前的自然现象和人们的准备活动。结尾句 "Although the storm broke many things apart, it brought families and neighbors closer together." 总结并进行主题升华。

（3）猜词（Word-Guessing）

阅读时遇到生词，不必每个都去查词典，可以利用上下文猜测该词的意思，也可以根据构词法来猜词义。在教学中，教师要注重对学生进行这方面的训练，并设计相应的练习题。此时教师应要求学生关注词性。

（4）推理（Inferring）

有些问题的答案不能在文章中直接找到，需要根据文章中已知信息进行推理。推理是一种创造性的思维活动，必须忠于原文，要以文章提供的线索为依据，不能凭空想象，要对文字的表面信息进行分析和挖掘，进而进行逻辑推理。通过这种方法的训练，学生能够提高观察、分析、归纳、推理能力。推理题常常是推断作者的写作意图和观点题。

（5）事件发生顺序（Sequence: Order of Events）

阅读文章时，如果能确认事件发生的顺序，就能更好地理解文章内容。有些文章按照时间顺序描述事件，另一些文章会采用倒叙手法。阅读时，我们要尽量把握事件发生的顺序，寻找 first、next、then、later、meanwhile、after 这样的线索词，以准确确定事件发生的顺序。

（6）记笔记（Note-Taking）

学生可以在文章上做记录，圈、点、画、写，圈画好的或者重点句子，对难理解的进行注释，也可以把一些生词、短语及优美的句子抄写下来，丰富自己的语言库，长此以往，学生的词汇会越来越丰富，养成不动笔墨不读书的好习惯，完成了语言的输入，也为输出做好了准备。语言的积累不是一蹴而就的，而是一个缓慢的过程。阅读时要重视积累语言，因为阅读是写作的基础，写作素材来源于阅读。所以记笔记十分重要。看到可用于写作的语句要摘抄到笔记本上，并记在脑中，出现的生词及用法也要摘抄下来，以丰富自己的词汇库。长此以往，学生的语言储备就能更加丰富，完成语言输入，培养语感，提高语言鉴赏能力，为写作提供素材，同时积累写作技巧，感悟作者的写作方法。

读书使人明智，并能学到做人的品质。有效的阅读策略、有趣的训练方式，可以让学生快速获取信息，精准处理信息。总之，学生是学习的主体，教师在教学中要充分利用微课等，发挥学生的主观能动性，让学生能自主预习，主动参与，培养他们的终身学习能力。教师要扮演导演的角色，有效预设教学目标，创设有趣的课堂情境，提前设计活动，组织正确的阅读训练。

第六节　写作教学中的问题与对策

一、初中写作教学的重要性

1. 写作教学是初中英语教学的重要任务

《新课标》指出："语言技能分为理解性技能和表达性技能，具体包括听、说、读、看、写等方面的技能及其综合运用。听、读、看是理解性技能，说、写是表达性技能。"理解性技能和表达性技能在语言学习过程中相辅相成、相互促进。其中，写作技能的高低是衡量综合语言能力的重要标志，是学生在英语学习中创造力强弱的直接体现。

2. 写是强化英语学习内容的重要手段

学生通过课堂上的听、说、读、看等活动学到了有关语言的知识。如果仅仅停留在听、说、读、看的水平上，学生会很快遗忘这些知识。Jeremy Harmer (2000) 认为："...as an aid to committing the new language to memory：Some students often find it useful to write sentences using the new language shortly after they have studied it." 所以写有助于记忆所学知识和进一步强化所学知识。

3. 写也是语言技能发展的需要

通过写，学生认识到词汇和短语"是怎样走到一起的"，逐步形成综合语言能力。学会写，用书面形式表达自己的看法、愿望、需求等，丰富自己语言学习的途径和策略，学生的语言能力才能得到更好的发展。英语写作技能是综合性很强的技能，英语写作训练也是综合性的训练，它不仅有助于提高学生的语言水平，还有助于提高学生的观察、思考、分析、总结的能力，使学生养成严谨的好习惯。

4. 写是满足不同学习风格的重要策略

有的学生喜欢通过听说来学习，有的人喜欢通过写来学习，写可以满足后者的学习风格；有的学生学得快一些，有的学生学得慢一些，写既可以满足学得快的，也可以满足学得慢的，因为写与听说不同，可以控制速度；有的学生比较外向，喜欢表现，能说会道，有的学生则相对内向，不善言辞，不管是内向还是外向的学生写都可以满足他们的表达愿望。

二、初中英语写作教学中的问题

教师经常这样抱怨学生：基本功不扎实，词汇量小，单词拼写错误率较高；语法实际运用能力差，基本语法错误严重，词法、句法能力弱，语言不丰富，语感差，对信息的分析能力不强；汉语式英语（Chinglish）较多，表达不清楚，布局及衔接能力差，语言不得体；没有用英语记日记、记笔记的习惯，写作时用中文构思，再译成英文，写作后自己不注意修改，也不关心教师的评语，等等。

诚然，学生学不好写作的原因是多方面的。仅仅从学校内部因素分析，可以归纳为四个主要方面：教学环境、教学管理、教师队伍和学生生源等。不难看出，生源是主要影响因素之一。但是，教师队伍的素质和教学水平同样是重要的影响因素，主要问题如下：

1. 观念问题

（1）受交际法的影响，认为语言仅仅是一种交际工具

对语言的狭隘理解导致形成错误的语言教学观：语言教学就是要教听说，语言的其他方面或多或少地让位于听说教学。有些教师往往视写作为对话和阅读的附属部分，将之布置为课后作业，一带而过。他们的训练方法：给出题目，提出要求，让学生在规定的时间内完成作文。

（2）不能摆正三个年级写作教学的不同要求

部分教师认为英语写的教学与汉语写的教学一样，写就是写作文，就是中考试卷中的那种写作，对初中生过早地提出了过高的写作要求。写作教学中缺乏科学而系统的写作训练，教师把写作教学与听说教学、语法教学和阅读教学等割裂开来进行。

（3）片面理解教学工具的现代化

每节课图像、声音等视听手段"一个也不能少"，但是缺少对学生进行必要的书写和写作的示范。其结果是学生开口能说出几个句子，一动笔则错误百出，简单的书写规则、标点符号等方面也不断犯错。

2. 能力问题

（1）教学设计方面的问题

目前的教材中的教学内容非常多。由于目标把握得不准，教学活动的时间分配欠妥，有的教师往往感觉课时不足，听、说、读、看的训练之后，学生用于写的训练时间就相对少了很多。因此，学生只得在课后完成写作训练，其写作质量也就难以保证。

（2）教学实施方面的问题

教师对学生写作缺乏必要的训练和指导。

（3）评价方面的问题

由于班级规模大，学生数量多，批阅英语习作是一项既辛苦又耗时的工作。教师来不及检查布置给学生的写作训练，结果对学生是否进行了写作以及写得如

何都没有准确的把握。对学生写作训练的处理只能是将参考范文发给学生，让他们自己对照批改。

（4）教学策略问题

教师布置题目让学生写，写完上交即可。教师批改后，再在课堂上进行简要评讲。第一阶段由学生完成，第二阶段由教师完成。若无评讲，这种写作课就只有"写"一个阶段。这样的写作教学缺少了两个必要的过程：一是指导过程，包括写作前和写作中的指导；二是对写作活动结果的评价。在这样的训练中，教师关注的是写作结果，并强调语言的准确性，忽视了对写作过程的指导。

三、初中英语写作教学的实施

1. 夯实英语写作的基础

（1）加强基本句型训练

英语的五大基本句型：主＋谓（不及物动词），即 S+V；主＋谓（及物动词）＋宾，即 S+V+O；主＋谓（及物动词）＋宾＋宾补，即 S+V+O+OC；主＋谓（及物动词）＋直宾＋间宾，即 S+V+DO+IO；主＋系（系动词）＋表，即 S+V+P。从句子结构角度来看，几乎所有的英语句子都属于这五个基本句型，都是五种句型的扩展、延伸或变化。因此，教师训练学生写作时，可以从掌握这五种基本句型起，让学生以这五种句型来规范句子结构，反复练习和实践，确保写出的句子成分完整，避免出现句子成分缺失的错误，比如漏写"主系表"结构中的系动词等。在练习过程中，教师可以结合学生熟悉的人或事物，要求他们用各种时态来写句子。

（2）进行从简单句过渡到复合句的训练

在最开始的写作中，学生通常会习惯使用一连串的简单句，思维也很简单，结果作文句式重复、行文单调，从而得分不高。在我们的教学中，有了简单句的训练基础，就应该培养学生使用复合句的意识，从而增添文采，体现他们的写作能力。

（3）注重优美词句的积累和仿写练习

古人云："熟读唐诗三百首，不会作诗也会吟。"广泛的阅读可增强学生理解和吸收书面信息的能力。平时的英语教学中的美句、美文既可以丰富学生的语言知识，帮助他们了解英语国家的文化背景，也会对学生的英语写作起到潜移默化的作用。背诵也是促进英语写作的基本手段之一。重视背诵尤其是课文中的重点句型，对引导学生关注文章结构、搭建文章框架有很大的促进作用。适当使用英语佳句，可令文章增色不少。在学习完每个单元后，教师还可给学生们布置一个仿写的任务，指导学生利用教材中的好词好句，模仿写出课文内容的后续故事或者其他片段，帮助学生更好地理解课文内容，同时帮助他们学以致用，克服写作中的畏难情绪等。

2. 开展多样化的写作训练

在平时的写作训练中，教师可以利用教材中的短文让学生进行缩写、仿写、扩写和续写的训练。

（1）缩写

学生在仔细阅读课文内容及理解其结构的基础上，对课文进行加工和处理后，按照逻辑顺序用自己的话表达出原义。这种训练既可以培养学生总结和概括的思维能力，又可以锻炼学生遣词造句、连句成篇的英语写作能力。

（2）仿写

要求学生利用课文中的已知信息，采用"改头换面"的方法，模仿课文的写作方法进行训练。

（3）扩写

教师精心设计话题，让学生进行讨论，确定主旨，然后围绕主题进行扩充。

（4）写日记

写日记也是一种很有效的训练方法。写日记可以促使学生经常性地使用英语进行思考，从而提高英语表达能力。教师要给学生充分的自由，告诉他们在日记中可以记叙学校、家庭、社会中发生的事件，可以写自己的所思、所想、所感，可以写想对教师说的话，也可以写自己学英语的收获，等等。学生如果能每天写日记，久而久之就能体会到英语写作的乐趣。

3. 强化写作技巧的指导

（1）审题指导

教师应有计划、有目的地拟定学生感兴趣且有话可写的题目。学生通过认真细读、观察、分析所给的提示材料，审清写什么题材，明确需用什么格式、写什么内容、所要求的字数等。另外，学生还需审清人称、基本时态等遣词造句的相关要点。在平时的写作练习中，在布置写作任务前师生一起讨论这些要点，避免学生在写作时出现前文提及的错误，这样才能事半功倍。

（2）构思与布局的指导

在写作训练中，教师要指导学生分析篇章结构、如何分段、每一段想写什么内容，然后在具体的写作中，进一步指导学生先列出提纲，再按照提纲进行写作。学生们可以模仿课文的开头和结尾，但要注意结尾部分应该照应全文，显得文章结构紧凑、行文流畅。

（3）多样性的表达方式

教师要指导学生注意句子表达的多样性，如简单句、复合句、独立结构等都要在文中有所体现，这样可以提高文章的表达效果。同时，合理地使用连接词和过渡性词语的训练也很有必要。

总之，英语写作能力的提高不是一蹴而就的，而是一个日积月累的过程，贯穿英语教学的始终。随着时代的飞速发展，学生的视野更加开阔，他们具有无限的创造力和学习潜力以及很强的表现欲，只要教师恰当地采用一些有效的写作教学方法，学生的写作兴趣就会持续高涨，写作信心也会不断增强。在写作教学过程中，教师要从基础抓起，充分发挥学生的主动性，对学生进行持之以恒的训练，使学生的英语写作能力稳步提升。

第七节 布置课外作业的重要性、存在的问题与对策

一、布置课外作业的重要性

作为日常学习活动的一个组成部分，英语课外作业对于教师的教和学生的学都有不可忽视的重要作用。清代教育家颜元说过："讲之功有限，习之功无已。"正因为如此，课外作业也就成了英语教学的重要组成部分。在日常教学过程中，课外作业的主要作用如下：

1. 检验教学效果

一节课结束后，学生是否发生了变化，有了哪些变化，变化程度有多大？具体地说，通过一节课的学习，学生学到了什么，学到了多少？学生能做什么，做到什么程度？这些都是我们教学所关注的问题。

为了找到答案，我们收集了一些信息，并根据收集来的信息对教师的教和学生的学进行评估，做出教学成功与否的判断。课外作业就是我们常用的手段或工具。根据学生课外作业提供的信息，教师可以判断教学目标的达成情况和及时了解学生对知识、技能的掌握情况，及时了解学生在某一节课的学习情况，同时评估自己的教学效果。对于学生，做好课外作业也是了解自己学习情况的重要途径。

2. 及时巩固所学的知识和技能

英语中有句话叫作"Practice makes perfect."。要真正让自己的英语 perfect，只靠课堂上有限的学习和练习时间是远远不够的，学生必须通过课外练习来巩固课堂上所学习的知识，操练相应的技能。

3. 对教学的反拨作用

课外作业一方面可以为学生本人提供有益的反馈，另一方面教师可以从学生

的日常表现中提取一定的信息。学生日常学习的情况和教师指导的情况以及课堂教学气氛的信息，可以帮助教师了解每个学生的英语学习情况和学习需要，有利于教师了解学生的学习过程，指导学生的学习方法。

通过课外作业，教师了解了学生的长处与不足之处，既可及时调整今后的教学进程以及教学活动，又可对教学中存在的问题采取及时的补救措施。对学生来说，这种信息反映了他们的知识和能力的发展情况，同时暴露出他们在学习中存在的问题，便于他们根据教师布置的作业对自己的学习过程进行及时的把控，调整自己学习英语的策略。对于有条件的家庭，家长可以通过检查孩子的作业来了解他们的学习情况和教师的教学质量，了解学校的管理水平。可见，课外作业具有一定的社会性。另外，由于我国普遍采用班级授课，学生多，课堂实践机会少，多数时间是教师讲，学生听。虽然近几年这种状况有所好转，教学活动逐渐向学生转移，但是由于班级规模大，互动机会少，教师在课堂上很难全面了解每一个学生的英语学习情况。课外作业正好可以针对每一个学生，让他们独立完成，同时促使教师的教学能力不断提高，激励教师的教学热情，使教师也不断获得成功的体验。

二、课外作业中存在的问题

从学习的角度看，课外练习是学习的重要环节。从评价的角度看，课外练习是一种重要的、非正式的评价手段。一般来说，一个完整的课时教学计划应包括教学设计（含学生的需求分析和教学任务分析，并根据这两个分析确定教学目标，选择教学策略和教学手段）、教学实施（包括导入新课、呈现学习内容、操练学习内容等）和教学评价（检验学生是否达到了预定的学习目标）等三个部分。课外作业布置属于教学评价环节。它是构成课堂教学活动的主要环节之一。缺少这个环节，一堂课就不完整。然而，在教学实践中，许多教师大多只注重前面两个环节——就是通常说的备课和上课，往往忽视了最后一个环节——教学评价。有的教师甚至将之省略了。

对照上面提到的课外作业的作用，我们日常布置的作业还存在不少问题。

1. 形式单一，内容重复

由于中考的压力，初中英语教学的重点被迫向强调应试技巧、增加学习时间和作业分量方面倾斜。教师缺乏教育理论指导，对初中英语教学中的问题与对策的设置、课外作业的设计技巧、课外作业在学习中的作用等缺乏研究，忽视了学生的个体差异和作业的层次。

课外作业是日常教学中使用最多的非正式评价的形式。在目前的课堂教学实践中，最大的问题是过分重视结果而忽视过程；在对学习结果的评价中，过分重视测试性的评价而忽视了非测试性的评价；在测试性的评价中，过分关注终结性评价而忽视了教学之初的定位性评价、教学过程中的形成性评价和诊断性评价。升学考试终究是为了发挥选拔的功能，试卷的题型必须为选拔服务。目的决定任务，任务决定方法，无可厚非。但是在日常教学中，我们的目的是帮助学生建构层次分明、条理清晰的知识体系，培养和提高学生的能力，与升学考试的目的完全不同。结构决定功能，技术手段也直接影响功能。因此，在日常教学评价中，什么样的测试内容和测试技术有利于学生的学习和发展，我们就应该采用什么样的内容和技术。如果课外作业一味使用中考、高考题型，只能挫伤一大批学生的学习积极性。

2. 把"精讲多练"误解为"多多益善"

教师片面强调"精讲多练"中的"多"，布置作业多多益善，错误地认为只要多记、多背、多读、多写就能学好英语，把学生看作存储知识的容器，于是，无视教学实际和学生的需求，每天都布置大量的作业，导致学生不堪重负，学习热情和学习愿望日渐降低。如初三某毕业班学生的作业："背默本单元所有单词，背诵课文，做模拟试卷3(一套)，预习下一个单元内容。"这样布置作业，仅仅英语一个学科就让学生疲于应付，再加上其他学科，学生恐怕也只能草草了事。

学生完成作业所需要的时间量是一个有价值的问题，也是一个复杂的问题。学生对于这个学科的态度、情感，学生的文化背景、原有水平等都对这个量产生极大的影响。所以这个问题的答案也是多样的。在我国，有人对数学单科作业量在一所小学开展了实验研究。实验在小学二年级的甲、乙、丙班和三年级的甲、乙、丙班进行，在对无关因子控制的条件下，分别在不同的班级布置不同的作业量：每天，甲班布置20分钟的作业，乙班布置甲班2倍或2倍以上的作业量，丙班不布置作业。实验结果表明：课外作业并非越多越好，甲班的数学学习成绩明显优于乙班，而乙班的数学学习成绩优于不布置作业的丙班。在心理表现上，甲班大多数学生对学习数学的兴趣和自信心都强于乙班。

进入初中后，随着学习科目的增加，中学生每日的课外作业量明显增加。因此，在布置英语学科作业时必须注意协调各学科的作业量，既不能只抓英语，也不能搞绝对平均主义，而应该统筹兼顾。超量作业与学习成绩之间不但不存在相关性，没有因果关系，反而会挫伤学生的学习兴趣，影响学习效果。

布置英语课外作业要从学生实际出发，充分考虑学生的原有水平，以保证作业的顺利完成。学生经过努力能够完成的作业才是有价值的作业，才能让学生获得成就感，才能激发学生学习英语的积极性。因此，布置的作业必须难度适中，主次分明，突出重点，兼顾一般，面向全体。

因此，教师在布置英语课外作业时，要深刻理解"精讲多练"，在总量上本着适度的原则，防止片面追求多练，造成学生过度的课业负担。心理学上，过度学习是有一定"度"的。以学生默写10个单词为例。如果学生练习了4次就可以默写，应继续练习2次，这就是50%的过度学习，再背默2次，就是100%的过度学习。实验证明，50%～100%的过度学习效果比较好。超过了100%则造成时间和精力的浪费。

3. 只顾作业下达，忽视作业指导

在实际教学中，大多数教师总是在下课前0～3分钟的时间内匆匆布置作业，让人觉得布置作业不是教学的需求或学生学习的需求，而是教师刻意追求教学环节的完整性，对于作业的难度、完成作业的时间、作业对于学生学习的有效性则考虑得较少。

教育专家孙孔懿曾指出："在下课前 3 ～ 5 分钟布置英语作业，大多只能完成作业的下达，即通常所说的课外作业的安排。教师很少有时间告诉学生完成英语课外作业要运用哪些知识和技能以及为什么要布置这种课外作业。"

为了激发中学生对完成课外作业的兴趣，教师在布置课外作业时要对学生进行课外作业的意义和目的的说明，提出明确要求，教给学生做课外作业的一般步骤和方法，督促学生养成先复习后完成作业、独立完成作业、按时完成作业、自我检查及反思作业的习惯。很显然，这些任务在 5 分钟内是难以完成的。

在下课前 10 分钟以上时间布置课外作业，会因时间过长而影响课堂教学任务的完成和质量的提高。在我国，中学一般每节课都是 45 分钟。孙孔懿认为，45 分钟的合理分配：前 5 分钟用来导入新课，激发学生的学习动机；其后大约30 分钟的时间属于一堂课的黄金时间，主要用来学习新课内容；课堂小结需要 5 分钟左右；然后再用 5 ～ 10 分钟的时间布置课外作业。在实践中，5 ～ 10 分钟的时间可灵活处理，具体需要多长时间要根据课外作业的具体情况而定。

4. 片面理解"减负"，忽略课外作业的布置

教师片面理解"减轻学生过重的作业负担"，少布置甚至不布置作业。英语学习不仅需要学习知识，更需要运用听、说、读、看、写的技能。而技能的形成是需要一定的重复训练的。不布置作业，学生没有听、说、读、看、写练习的机会，也就很难形成一定的语言技能。其实，"减负"要减的是过重的课业负担而不是必要的学习负担。作为学生，学习是他们应该承担的责任。作业对于学习是否有效，不仅仅是量的问题，也有质的问题。教师必须以提高学习质量和学习效率为着眼点去布置作业，否则就会造成手段和目的脱节。

5. 滥用作业功能，布置惩罚性作业

惩罚性作业就是让学生做大量的、重复的作业作为对学生违反纪律行为的一种处罚。例如：学生作业错误较多，或上课随便讲话等现象被教师发现了，教师不分青红皂白，责令学生将某单元的单词和短语抄写 10 ～ 20 遍，或不加选择地让学生背诵课文。这种做法其实就是变相体罚，或者说是一种"心理处罚"。

6. 课外作业有布置，没有检查

据了解，教师几乎每一节课都布置形式不同、分量不同的作业。有的作业，学生会认真对待，及时按照要求完成。但是，有的作业学生只是听听而已，根本就不当回事。原因之一就是对于作业教师有布置，没有检查。

三、如何有效地布置课外作业

提高英语课外作业的有效性需要回答两个问题：什么样的课外作业对学生学习英语是有效的？如何通过布置作业来提高课外作业对学生英语学习的有效性？

1. 把学生当学生而不是"考生"

要彻底改变中考考什么，教师就教什么，中考怎么考，教师就怎么练的"应试"的错误做法。如前所述，日常课外练习的目的并不是为了将学生分档区分，而是为学生有效的、成功的学习提供支持、指导、鼓励和帮助。根据上述分析可知，因为目的不同，日常练习的方法或练习的题型与中考的题型不应该完全相同。但是，在初中英语教学实践中，布置给学生的课外作业基本上是是非判断题、配对题、选择题、完形填空题等客观题。那么什么样的题型能更多地体现日常练习的功能呢？为了说明这个问题，有必要从测试的角度对不同题型的优缺点加以说明。

各种客观题的优缺点

题型	优点	缺点
是非判断题	侧重精确，能覆盖很多学习内容；容易编写（但是要避免凭空编造，脱离情境）；评分比较容易。	倾向于强调知识的死记硬背（尽管偶尔也用它来考复杂的问题）；假定一种非此即彼的答案；鼓励学生猜测推理。
配对题	编写和判分都很容易；是测量事实之间关联的理想题型；在测量关联时，因为避免了选项的重复，因而比多项选择题更有效；猜测可能性小。	倾向于询问细节信息；强调记忆；绝大多数题目一般都容纳5对选项，限制了配对题的测试范围。

续表

题型	优点	缺点
多项选择题	具有测量多种目标的功能（从知识、理解、运用，到分析、综合、评价）；因为书写量小，可以迅速地校阅大量的材料；判分高度客观，仅需计算正确答案的数目；可以有多个正确选项，避免是非题的绝对判断；减少猜题的可能，易于统计分析。	编写耗时；答案可能不唯一；如不精心设计，试题基本上测试的是对事实、细节、原理和概念的识别，即知识水平上的题目，很难编写出思维层次高的题目。容易从题干和选项中的同义词或近义词找到正确选项；容易从语法结构上判别正确选项；容易从不对等的选项长度判别正确选项。
完形填空题	编写相对容易；便于使用；因为问题要具体回答，猜测减少；覆盖面广；鼓励复杂水平的反应。	编写优质的完形填空题有较大难度；一般题目可能倾向于测试事实和细节，如时间、地点等；容易造成答案不唯一。

作为测试技术，客观题最明显的优势是评分绝对可靠，且快速、经济。另外一个优势就是考生只需要在试卷上做一个记号。因此，在有限的时间内，可以测试很多知识点，保证覆盖面，这样就有可能增加大型测试的信度。因此，大型考试中利用这些客观题更多的是为了方便考试管理，特别是为大型的考试管理而服务，而不是为了学生更好地学习服务。比如我国考生人数多，如果采用比较多的主观题，一方面会让考试管理，特别是评分管理在人力、物力、财力、时间、空间等方面进行大量投入，另一方面也使评分在公正度上引发争议。

但是，客观题如果在日常课堂上、课外作业中使用，其弊端是显而易见的。有人称上述这些客观题为"选择性反应"，以强调它们是一套客观评分系统，而不是测量内容的选择。客观题答案的判定不需要专业人士，机器即可解决判分问题。另外，这些客观题的答案都是唯一的，是封闭性的题目，不利于学生开放性思维能力的提高和创造性思维能力的培养。

客观题，特别是选择填空题，只能测试识别或辨别能力。在日常教学中，假如学生不具备接收信息和表达信息的能力，这种练习的结果会误导教师对学生语言能力的判断：做出正确选择的学生未必能在口头、笔头运用中正确使用该知识点。

教师日常编写的以及市面上出售的练习册中有大量的客观题。对这些客观题稍加分析，我们就会发现，思维水平比较低的、只考查学生辨别事实、细节、原理和概念的题目占 80% 左右。Bloom 关于认知领域六个层次由低到高依次是识记、理解、运用、分析、综合和评价。前面所说的 80% 的题目仅仅处于前三个层次，较高层次的题目很少。显然，这样的题目对于学生思维的发展和语言能力的发展是不利的。如果从日常课外作业到考试都用客观题，必将严重制约学生的思维能力和语言能力的发展。换句话说，作为日常学习活动的课外作业，不应过多采用客观题。

相对而言，主观性测试题，如简答题、论述题等，对于学生的学习和发展具有更大的促进作用。在主观性测试题中，学生要提供答案而不是做出选择，因为主观性测试题要求学生组织一段文字作为答案，并且没有唯一的答案和答题方式。答案的准确性常常能够或只能通过熟悉该学科领域的人来评判。如一位教师在学生学习了"Population"一课之后给学生出了这样一道题目，要求学生课后运用教材上学习的词汇，两人一组讨论后，以书面形式提交作业：

Please imagine what would happen to you and your family if your parents have more children.

这是一道发散性思维论述题，对于考查学生认知领域复杂水平最高的"分析""综合""评价"能力最为有效。因为做这样的题目耗时较长，学生需要足够的时间进行信息查询、分析和组织，所以适合作为课外作业布置给学生。

对于这样的题目学生在教材上是找不到答案的。但是，这样的题目特点非常明显：

一是非常有趣（Interesting），二是与学生的现实生活密切相关（Relevant），三是学生利用他们所学知识能做（Doable），四是不是轻而易举就能完成

（Challenging）。这些特征使学生跃跃欲试，激发了他们的学习热情，发挥了他们的想象能力，促进了他们发散思维能力的发展，给他们提供了综合使用语言的机会。

如果课外作业要检查以下类型的学习结果，我们应多用主观题：

- 分析关系 (时间关系、空间关系、因果关系、等级关系、序列关系等)；
- 比较两个以上事物的异同，比较优势与不足之处，评价某事物的优劣；
- 假设、想象或形成假设；
- 给出事实和细节支持主题，组织材料支持观点；
- 从几种资源中整合材料。

2. 布置作业应有目的性

布置课外作业的目的性应体现在以下几个方面：

一是课外作业的布置应与相关单元、课时的教学目标 (或预期学习结果) 相一致。这样，课外作业实际上既是对学习目标达成度的检测，也是对学习结果的巩固。

二是题型和练习目标相一致。在开始设计或选择课外作业时，教师对自己想检测和巩固学生哪些方面、哪个层次的学习结果，检测这些结果需要什么样的心智过程都要心中有数，然后针对相应的练习目标，选择适当的题型，使手段与目的统一。如有位教师想测试学生的听力，于是让学生听一篇短文，听完后又提供了这篇短文的书面材料，只是抽去了短文中的部分单词，要求学生填写所缺的词。这样的题目到底能否测出学生的听力水平呢? 这种题型与其说是测试听力，倒不如说是阅读理解测试。因为在初中阶段听力材料的内容很简单，这些简单的关于生活常识类的短文只需根据短文就能完成填空任务。这种常见的题型是典型的无效题，测试手段（题型）根本就测不出学生的听力水平。

3. 应对课外作业提出明确的要求和提供必要的指导

首先，布置的课外作业要能做，充分体现以学生为本，并落实到"以学生的学为本"。一是在难度上要加以控制。为了使课外作业能收到预期的效果，在设计课外作业时要考虑至少 70% 的学生能够比较好地完成，其他学生经过老师的指导和同伴的帮助也能完成。二是在作业量上加以控制。作业量太大，会让学生失去做作业的兴趣。学生只有能完成任务，才乐于去做。学生经过努力也不能完成，必然会出现抄袭现象。因此，不能一味强调作业越多越好，布置课外作业一定要从学生的实际水平出发。其次，要为学生顺利完成作业提供支持、指导。一是隐性的指导或间接指导。一般来说，要求学生笔头做的课外作业，必须先在课内有类似的口头练习。如要求学生翻译句子，课堂上就应该有类似的翻译练习给学生做示范。课堂上的这些练习为学生完成课后作业提供了"脚手架"，这就是隐性或间接的指导。这些口头练习一方面可以作为课外作业的范例，另一方面也为学生完成作业提供了指导，同时降低了作业难度和作业错误率，也减轻了教师批改的负担。二是显性指导或直接指导。如在做某项课外作业前要先复习。学生学习的一般程序是"预习—上课—复习—作业"。著名的教育家乌申斯基指出："复习是学习之母。"英语课外作业中的复习，主要是要求学生回忆或再现已学知识，为顺利完成作业做铺垫，通过完成课外作业检查、纠正记忆中的错误，巩固所学的新知识，发展语言技能。另外，布置课外作业不能仅仅停留在学生做什么这个层面上，还要对怎么做、做多少等进行指导。例如：将"周末将新课文的录音听 3 遍"和"周末将新课文的录音听 3 遍，边听边记下重点，并尝试复述课文"两种作业相比较，后者就更加具体、有效。这是因为学生明白怎么做、做到什么程度才算完成。

4. 应避免过多重复的作业

学习英语最终要具有听、说、读、看、写的技能，而"重复是技能之母"。从这个意义上讲，学习英语有必要重复。但是，这里的"重复"不是简单重复练习内容或形式，而是运用不同的练习形式操练尚未掌握的技能，或对同一知识点从不同侧面进行练习。

为了激发学生的学习积极性，也为了避免因重复而造成学生浪费时间和精力，教师应该认真钻研教材，认真分析学生的现状，弄清教学的要求是什么，明白学生需要什么。在此基础上，教师为学生布置既能巩固基础知识、又能强化基本的听、说、读、看、写技能的课外作业。在布置课外作业时，我们应该注意作业内容的有效性和作业形式的多样性，如有的作业可要求独立完成，有的则要求合作完成。

5. 布置的课外作业应有层次

差异是客观存在的，是教育的前提。尤其是外语学习，因各地区、各学校教学条件不同，师资水平差异较大，即使同一个班级的学生，其水平也会参差不齐。所以教师要从学生的实际情况、个体差异出发，有的放矢，分层次地布置课外作业。即使是同一道题目，也要从不同的层次设计问题，既要有基础性的知识题，又要有理解、运用层面的题，还要有难度较大的综合运用题，让不同层次的学生都能发挥他们的水平，都能得到发展。

第八节　使用多媒体辅助教学的问题与对策

一、教学媒体的含义

教学媒体，也叫教学工具，即我们通常说的教具（Teaching Aids）。教具，顾名思义，就是教学过程中可借以辅助教学活动的用具。它包括传统的教科书、标本、模型、图表等，现代化的电影、电视、投影、录音、录像以及计算机等设备。它们都是教学过程中承载和传递教学信息的媒体，其性能、特点、使用方法对教学效率有很大影响。根据不同的分类方法，教学媒体可分为：传统媒体、单向媒体和双向媒体；课堂教学媒体和远距离教学媒体；听觉媒体、视觉媒体、触觉媒体和视听媒体；真实性媒体、模拟性媒体和符号性媒体等。

随着科学技术的进步，学校教育中的教学媒体不断得到发展和丰富。特别是在经济发达地区和大、中城市里的中小学以及经济不太发达地区的一些重点中学，各种现代化教学媒体应有尽有。现代化教学媒体的普及为教学提供了极大的便利。教师能够用多种媒体传授教学信息，学生能够通过广泛的渠道获得更多、更大范围的学习经验，在很大程度上改变了传统满堂灌教学和填鸭式教学。在课堂教学实践中合理运用现代化的教学媒体，视听结合，图文并茂，以跨越时空的非凡表现力化繁为简，变远为近，极大地加深了学生对抽象事物的理解与感受力，增强了学习内容与社会生活和学生生活的联系，调动了学生的多种感官参与学习，增加了课堂的知识容量，营造了学习的氛围，创设了有效学习的条件，丰富了解决教学重点和难点的手段，提高了课堂的教学效率和质量。

然而，在现代化教学媒体日益普及的今天，在媒体的选择和使用上，盲目地选择和滥用、乱用教学媒体的现象也开始显现。不管需要不需要，适合不适合，有课堂就有现代化媒体，用媒体必用现代化媒体，平时上课要用现代化媒体，优质课评比或竞赛更是必须使用现代化媒体。实际上，这种不恰当的选择和使用已经影响了课堂教学的效率和教学质量。

二、多媒体辅助教学中存在的问题

某校举行青年教师课堂教学展示活动，规定要在教学中突出现代教学媒体的合理使用。小王是该校七年级英语学科青年教师，已经工作三年，平时对信息技术很感兴趣，有空就钻研课件制作中的技术问题，在课堂教学中也经常采用多媒体辅助教学，组内其他教师都认为他是多媒体课件制作方面的高手。此次课堂教学展示活动要求突出现代教学媒体的使用，正好能够显示小王的优势。

课堂教学展示那天，小王的课堂音频、视频、动画演示一应俱全，还有网络交流和做成课件的测试练习。一节课容量大，节奏快，热热闹闹，学生看得眼花缭乱。学生在新知识的学习过程中，除了看和听外，就是敲击键盘，通过网络回答问题并将答案通过投影仪显示在屏幕上。然而，课堂反馈显示，学生掌握新知识的正确率不到一半。按照以学论教的课堂教学评价方式，听课教师把小王这节课的等级定为"中"。课后，小王感到很困惑，自己花了很多时间和精力用在多媒体课件的制作以及如何使用网络辅助教学上，为何教学效果仍不理想呢？同样的现象也以不同的形式出现在另外一位教师的课堂上。一次，笔者应邀到某校听课。英语教师利用 PPT 呈现教学内容和重点、难点，利用在磁性黑板上粘贴打印好的句子来呈现关键句式。平心而论，这节课效果很好：课件设计精美，无论是 PPT 上的例句还是贴在磁性黑板上的纸条上的内容，都为学生的口头练习提供了学习支持；教师善于营造气氛，师生和生生之间的互动频繁、有效。但是，一节课结束后，授课教师自己向笔者提出了一个问题："为什么我的学生的听说能力都不错而动笔一写就错，甚至连句子开头的第一个字母要大写都经常出错呢？"这位教师的问题也正是令很多教师困惑的问题。

随着幻灯机、录像机、计算机的推广和普及，多功能电子白板、CAI 教学软件的运用，利用多媒体辅助课堂教学来完成对学生进行听、说、读、看、写和基础知识等方面的训练已成为一种新兴的教学模式。毋庸置疑，这种教育技术的优势是传统教学手段无法相比的。它使得用传统教学手段难以讲解清楚的事物或难以进行教学操作的内容变得直观、形象和生动，达到了化繁为简、化难为易的教学目的，并大大增加了课堂容量，活跃了课堂气氛，能有效地激发学生的学习兴趣，提高学生的学习效率，增强学生实际使用语言的能力。掌握现代教育技术是英语教学的需要，很多教师早已意识到这一点，并且跟上时代的步伐，利用计算机多媒体辅助教学，使学生在愉快、轻松的环境中获得知识。因此，多媒体辅助教学逐渐成为目前教学技术手段的主流之一。然而，由于国内的多媒体辅助教学还处于实验阶段，因而存在许多认识上的误区。

课堂教学中多媒体的使用已经出现了一些亟待解决的问题，主要有三个方面：

1. 本末倒置——不是帮助学生的"学"，而是表现教师的"教"

因为有了现代化教学媒体，课件形式花样翻新，真可谓"有声有色"。一些与教学目标、教学任务、教学策略、教学活动无关的东西充斥于课件之中。课件制作精良，从配音到动画设计让学生赏心悦目，但是，使用课件的教学效果却适得其反，课件的使用淡化了课堂的主题，淹没了中心，使教学内容主次不分，详略不当。这样的课件不仅违背了注意规律，也违背了使用教学媒体的初衷和本意。现代化媒体成了教师展示自己利用现代化媒体的高超技巧的"辅助"手段，而学生的注意力往往会被吸引到不需要他注意的东西上（因为那些东西"有声有色"），而需要他们注意的内容由于没有"声音"与"色彩"的强化，往往被忽视。现代化媒体使用得精彩纷呈，而学生学到的知识寥寥无几。造成这种局面的主要原因是教师不熟悉或忽视了心理学关于注意的规律。在遵循学生的心理特点、认知规律和记忆规律的基础上，恰当地使用多媒体，有助于突破教材中的重点、难点，否则就没有必要使用多媒体了。合理使用多媒体，能有效地弥补传统教学的不足，化抽象为具体，将难以直接用语言表达的概念和理论以直观的、易于接受的形式表现出来，或者把难以理解的内容或不容易观察到的事物用媒体充分展现出来，调动学生的视觉直观功能，为突破难点创造出良好的氛围。

在许多课堂实践中，多媒体课堂教学或多或少地偏离了教学目标，只停留于表面，盲目追求美感。媒体画面乱且杂，分散了学生的注意力。画面上信息过多，画面背景复杂，按钮奇形怪状，并且使用大量的动画和音效，过分追求视觉形象。华而不实的多媒体教学，可能一开始确实能吸引大多数人的注意力，但在多次使用后，就会适得其反，把学生的注意力引向一些无关紧要的事物上，造成注意的浪费。如果一味追求课堂上教学过程的"奢华"，讲究声音、录像、动画和投影，最终会分散学生的注意力，使学生顾此失彼，反而降低了课堂效率。多媒体用得不当和过度，就会成为教学的干扰源。

适当使用多媒体是必要的，但使用过多就会冲淡教学主题。在不失时机地发挥多媒体作用的同时，教师还须考虑展示多媒体的最佳时机，以最佳的方式呈现多媒体，从而帮助学生解决问题，切不可随意呈现，喧宾夺主。所以我们在使用多媒体辅助教学时绝对不能华而不实，哗众取宠，应有目的、有计划地使用。

2. 厚此薄彼——青睐"现代"，冷落"传统"

因为有了现代化教学媒体，传统的教学媒体就被束之高阁。传统的教学媒体如粉笔、黑板、讲义、练习（讲义和练习只用于课后）等几乎被打入冷宫。"传统"之所以被称为"传统"，是因为它还有生命力，否则应该是"过去"。在课堂教学中，有些时候，使用现代化教学媒体能够更好地促进学生的学，那就要尽可能使用。有时恰恰相反，用了现代化教学媒体反而对学生的学习产生负面影响，不及传统媒体高效。究其原因，主要是有的教师对各种媒体的性能、特点、优势与不足缺乏认识。多媒体具有传统教学媒体所没有的优势。但不管多媒体多么现代，多么时尚，它在课堂上的功能同样只能是对教学的"辅助"，而不能完全替代传统教学媒体，不能把它当作一种"全能媒体"，整堂课不管是课题、例题，还是课文中的字、词、句等，一切由电脑来完成。多媒体功能的发挥是依赖于一定的条件的，并不是说在教学中采用了多媒体就一定能改善教学，更不是说多媒体用得越多越好。教师应多考虑在什么条件下用、如何使用，而不是滥用多媒体。

计算机辅助教学的出现，使得有些人认为课堂教学从此可以告别黑板与粉笔，因而屏幕遮挡住了黑板，课件展示代替了板书。但"尺有所短，寸有所长"，作为传统课堂教学象征的黑板仍有一些地方是现代教学媒体无法替代的。首先，优秀的板书是师生互动的过程和结论的反映，具有概括性、持久性、完整性等特点。其次，黑板即时重现力强，随写随看，内容还可以随时增删。教师使用多媒体教学有时会有突然而至的灵感，这些灵感往往是教学艺术的动人之处，因为无法加到板书中而令人遗憾。另外，运用计算机虽然也能呈现板书，但由于屏幕的限制，本来在黑板上可以整体体现的板书，只能一部分一部分呈现，这就影响了板书的整体性，从而影响了学生对学习内容的整体感知。同时，由于课件的画面要经常变动，用课件呈现的板书也就具有短暂性特点。因此，运用计算机辅助教学时不能忽视传统板书的功能。

3. 顾此失彼——"信源"（教师的陈述和媒体内容的呈现）滔滔不绝，"信宿"（学生的接受能力）手忙脚乱

因为有了现代化的教学媒体，有的教师课堂上呈现、传递信息的速度成倍提高。但是，"教学节奏快""信息量大"也要有个度。随着一次次轻松的鼠标点击，教学内容在屏幕上快速地出没，学生能理解多少？难怪有人把这样的教学称为由"人灌"变为"机灌"。采用这种方式教学的教师对于学生的认知水平缺乏了解，教学容量过大，超过了学生的认知负载能力，信息难以被消化，"信源"和"信宿"不能"同频共振"。

三、发挥教学媒体的教学辅助作用

1. 为什么要使用教学媒体

教学辅助手段一个重要的功能就是能够让学生以更多的感觉器官参与学习。有效使用教学辅助手段可以大大强化学生的学习经验。在一定条件下，低效的学习往往是因为教师没有使用视觉媒体，而高效学习往往与精心设计的视觉媒体有关。毫无疑问，多感官参与学习有利于强化理解和记忆。因此可以说，只要信息输入量不超过学生的接受能力，参与学习的感觉器官越多，学习效果就越好。由于电子白板、电脑、智能手机等现代媒体日益普及，学生已经习惯或适应了使用这些媒体。作为教师，我们应在教学时多使用这些媒体，以满足学生的学习需要。因此，如果教师有心将学科知识处理得便于学习，有心让教学双方都轻松而有收获，就必须科学、合理地使用视听媒体。

2. 怎样使用教学媒体

著名教育家赞可夫说："教学法一旦触及学生的情绪和意志领域，触及学生的精神需求，这种教学法就能发挥高度有效的作用。"这说明，如果能使学生主动地学习，他们就会对知识产生浓厚的兴趣，热情高涨，思维也会非常活跃。人机交互是计算机的显著特点，这是任何其他媒体所没有的特点。

可见，多媒体教学的优势不容置疑，关键是要取其长，而避其短。

怎样才能解决多媒体应用方面出现的种种问题，恰当地运用多媒体来辅助中学英语教学呢？我认为可从如下几个方面着手：

（1）扬长避短——根据任务要求和媒体的性能特点进行选择

教学媒体和教学方法一样有其应用的范围，没有"放之四海而皆准"的、万能的教学方法，同样，也没有"放之四海而皆准"的、万能的教学媒体。教学任务是多样的，教学目标是多领域、多层次的。因此，并非完成任何教学任务、实现任何教学目标都非应用现代化教学媒体不可。要在熟知各种教学媒体特点的基础上选择运用教学媒体。

例如：在做一些需要学生多种感官共同参与的学习活动时，现代化教学媒体就具有不可替代的优势。但是，当我们让学生通过"头脑风暴"（Brainstorming）来激活他们已有的、与即将学习的内容相关的知识时，粉笔和黑板就比其他媒体更方便。组织小组合作学习时，用一页讲义或有待学生完成的作业纸就比设计课件显得省时、省力、方便、有效。因此，教学媒体的选择一定要与教学任务的要求相吻合。利用多媒体教学，要在"辅助"二字上下功夫，要明白教学媒体只能发挥其辅助作用，而不能用它来代替教师来充当课堂的主导。传统的填鸭式教学并非一无是处，不可全盘否定。教师既要了解传统教学媒体的弊端，又要看清楚现代化教学媒体的局限；要在教学手段方面既发挥传统教学的优点，又要适当采用、合理利用多媒体，以求得最佳的教学效果。实际上，并非每堂英语课都要自始至终使用多媒体。

（2）以人为本——以促使学生更有效、更成功地学习为出发点和归宿

教师的教学活动就是帮助学生学习的一系列行为，包括选择和使用多媒体的行为。学生是一切教学行为的中心。在课堂教学的设计和实施过程中，我们应围绕学生的学习与发展，精心选择、合理使用教学课件，既要满足教学任务的需要，更要适合学生的兴趣、需求和认知发展水平。现代化教学媒体在一些方面是比传统教学媒体好，但是，天天使用，学生也会厌烦。

心理学关于注意的研究告诉我们：指向性和集中性是注意的两个基本特征。注意的指向性是指人们把心理活动关注并维持在某一对象上，使心理活动不断地深入下去。人的心理活动不仅可以有选择地指向特定对象，而且可以使注意在这

个对象上保持相当长的时间。注意的集中性是指人的心理活动离开其他无关事物与活动，从而集中到某一特定对象上，并对其他有妨碍的活动产生抑制。正是由于注意集中于某一特定对象，才使这一对象得到鲜明而清晰的反映，而其他事物处于"注意的边缘"或注意的范围之外，对其反映比较模糊或"视而不见"。由此可知，注意的集中性所反映的是心理活动的水平和程度。由于需求不同，人们注意的中心是可以变换的。新的对象不断变成注意的中心，原来是注意中心的对象又退居为注意的边缘，甚至完全不被注意。正因为如此，人们才能有选择地、省时、高效地加工来自外部和内部的各种信息。

根据注意发生时有无目的性和是否需要意志努力，注意可以分为无意注意、有意注意和有意后注意。

无意注意是一种没有预定目的、也不需要付出意志努力、自然而然地发生的注意。由于它不受人的意识调节和控制，所以无意注意又叫不随意注意。

引起无意注意的原因有很多，既有刺激物本身的特点，又有人主观方面的因素。

一是刺激物的特点。客观刺激物本身的特点是引起无意注意的主要原因。任何强烈的刺激，例如：强烈的光线、巨大的声响、浓郁的气味、剧烈的震动，都会引起人的无意注意。在一定的范围内，强度越大，刺激物越容易引起人的无意注意。对无意注意起决定作用的是刺激物的相对强度，即指这个刺激物与同时出现的其他刺激物在强度上的相互关系。一个强烈的刺激物如果在其他强烈刺激物构成的背景上出现，可能不会引起人们的注意，这是因为相对强度小。例如：在强烈的噪声背景上，即使大声说话也不会引起人们的注意。相反，一个不甚强烈的刺激物，如果在没有其他刺激物的背景上出现，则可能引起人们的注意，这是由于相对强度大。例如：在寂静的教室里，一位学生不小心碰掉了一本书，它所发出的声音就能引起同学的注意。

二是刺激物的新异性。新异性是指刺激物在内容和形式上具有不同寻常的特性。一般来说，新颖、奇特的刺激物容易引起注意，而司空见惯、千篇一律、单调重复的事物则不易引起人们的注意。如一位金发碧眼、高鼻梁、白皮肤的留学生走进教室，就容易引起学生的注意。另外，司空见惯的事物以不同寻常的形式出现时也会引起人的无意注意。如一位平时穿着朴素的女生，今天忽然穿了一件崭新、漂亮的衣服，就很容易引起同学的关注。

三是刺激物之间的对比关系。刺激物之间在形状、颜色、大小、强弱、持续时间等方面存在的差异越显著，对比越鲜明，越容易引起无意注意。例如，"万绿丛中一点红""鹤立鸡群"等都容易引起人们的无意注意。

四是刺激物的运动变化。在相对静止的背景上，运动变化的刺激物容易引起注意，如忽明忽暗的光线、忽高忽低的声音、抑扬顿挫的语调等，都容易引起人的无意注意。而在运动变化的背景上，相对静止的刺激物容易引起人的注意。例如：在电影画面不停地切换时，一个短暂的突然停顿就会引起人的注意。

对于学生而言，教学媒体就是教师设计和提供的客观刺激。这种刺激是否有效，是否能引起学生的注意，在很大程度上依赖于我们能否根据注意的特点和规律选择和使用教学媒体。科学地使用教学媒体才能真正发挥其教学的辅助功能。

（3）同频共振——避免强加给学生过重的信息加工负担

运用现代化教学媒体时，特别是使用教学课件（Courseware）进行教学活动时，应重点考虑教学内容的容量和课件呈现的速度。研究表明，单位时间内传递信息量的多少对学生的学习结果有直接的影响。过快或过慢都不利于学生成绩的提高。慢了，单位时间内信息量减少，教学效率降低；快了，传递的信息量超过了学生短时信息加工的极限，教学效率也会降低。

（4）教学媒体设计原则：能简不繁，重点突出，具有趣味

比如课件画面要避繁就简。画面内容繁杂会分散学生的注意力。每一帧画面一般突出一个重点，抓主流，弃旁支，简单明了。有趣是为了吸引学生的注意力，但画面的趣味性也要适可而止，不能为寻求感官刺激而讲究多多益善，或制作得华丽虚空。

综上所述，我们认为，优秀的教学媒体应具有以下特点：

· 便于学生更深刻地感知。让更多的感觉器官参与学习,学生就有可能感受到教师想让他们感知的东西。

· 便于学生更好地理解。感知的东西多了,更深刻地理解的可能性就大了。

· 有助于强化所学内容。运用教学媒体可以辅助讲解,可以在教学过程中重复讲解内容(通过板书),也可以在课后复习强化所学内容(做讲义上的练习)。

· 有助于记忆所学内容。记忆的一个重要途径就是重复,也可以说重复使记忆内容得以保存。

· 激发学习动机和兴趣。因为学生有更多的感觉器官参与了学习,所以视听媒体有可能激发他们的学习动机和兴趣。

· 满足多样化的学习风格。学生的学习风格是不同的,使用了多种教学媒体就有可能提供多样化的学习方式,满足不同学习风格的学生。

· 更有效地利用课堂时间。教学媒体激发了学生学习的动机和兴趣,加大了课堂上的有效输入,为学生更为有效地利用课堂学习时间提供了条件。

总而言之,无论是传统教学手段还是现代教学手段都各有其优势与不足,我们不能简单地用后者去取代或否定前者,也不能反过来用前者去否定或拒绝后者,而应该适时、适度、真正发挥多媒体辅助教学的优势,使多媒体辅助教学朝着健康、有序、稳步的方向发展。

四、检验多媒体选择和使用的合理性

综上所述,在选择和使用教学媒体时,我们应始终把学生的学习和发展放在首位,统筹考虑学生的需求和水平、教学任务的特点和要求、教学目标的范畴和层次、教学媒体的优势与不足、教学活动的规模和类型、教学效率的高低以及信息量的大小等方面的因素,选择和利用传统或现代化的教学媒体。

以下几个问题可供我们在选择和使用教学媒体时参考,也便于我们对自己的选择和设计的科学性、合理性、有效性进行验证。

· 我所期待的学生学习的结果(即教学目标)是什么?

• 我的教学目标应属于核心素养的哪一范畴（语言能力、文化意识、思维品质、学习能力）？

• 我的教学目标分别属于某一范畴的哪个层次（知识层次、理解层次、应用层次）？

• 我需要使用什么教学媒体来辅助学生学习，实现教学目标？

• 与其他教学媒体相比较，我选择的教学媒体是否能做到高效低耗（即我耗费在准备上的时间相对少一些，而学生的学习效果更高一些）？

• 我用这些教学媒体来呈现或介绍什么内容，与什么学习活动结合使用？

• 我运用这种教学媒体的目的是什么？

• 这些教学媒体在课堂上何时使用最合适？

• 根据我的观察，学生喜欢或不喜欢什么教学媒体？

• 什么教学媒体能使更多的学生在更高水平上参与学习活动？

在回答完每一个问题后，再追问一个"为什么"，这样不仅能保证合理地选择和使用教学媒体，而且能在提问中不断提升教师的专业水准，促进教师自身的专业发展。

第二章　初中英语课堂提问研究

第一节　课堂提问技巧在初中英语教学中的作用

课堂提问作为初中英语教学中的关键环节，是教师与学生在课堂中沟通的主要方式。在这个环节中，教师要明确学生的主体地位，真正做到以学生为中心，进而进行合理的问题创设，以达到预期的课堂教学效果。如果教师在课堂提问环节中能够掌握一定的提问技巧，就能够达到事半功倍的效果，不但促进了与学生间的沟通，而且能够将知识贯穿于课堂提问环节，使学生能学以致用、学有所思。

一、课堂提问的重要性

1. 增进师生间的互动交流

在传统的课堂教学过程中，教师大多是以单一的教学手段进行知识的灌输，与学生间的互动较少。在教学环节中，教师如果能够得当地提问，将会在很大程度上提高与学生的沟通效率，进而明白学生在学习过程中所面临的问题以及学生的心理状态。虽然课堂提问是以辅助课堂教学知识为主，教师仍然可以在学生回答问题的过程中通过学生的细节表现发现许多潜在的问题，所以课堂提问是增进师生间互动交流的必要手段。

2. 活跃课堂气氛

教师在教学过程中如果单纯地灌输教学内容，即使应用了多媒体教学，课堂仍然索然无味，学生的积极性将会受到严重影响。而课堂提问将会在这种情况下发挥活跃课堂气氛的作用，这也是课堂提问在教学过程中必不可少的关键所在。课堂提问进一步突出了沟通与交流在教学中的重要地位。教师在教学过程中要合理地进行课堂提问，以活跃课堂气氛。

二、有技巧的课堂提问在教学中发挥的作用

1. 激发学生的学习兴趣，集中学生的注意力

有技巧的课堂提问在教学中发挥的作用很大，主要作用之一就是激发学生的学习兴趣，集中学生的注意力。众所周知，兴趣是最好的引路人，如果能够激发学生对英语学习的兴趣，课堂教学就成功了。学生在课堂上的注意力并不能百分百地集中，尤其是面对英语时有一些学生由于基础等多方面原因并不能够很好地跟上教师的进度，这就需要教师进行适时的课堂提问，以此来调动学生的积极性。

2. 及时获得反馈结果，便于下一步调整教学活动进度

整个初中英语的教学过程并不是一成不变的，教师需要因材施教、量体裁衣，根据学生的学习情况和学习状态及时调整教学方法以及教学进度。这就需要教师在课堂上进行有效的课堂提问，以及时获得反馈结果，及时了解自身教学需要进行哪些调整，下一步教学活动如何安排等。教学不是单向的传递而是双向的沟通，所以课堂提问作为教师与学生有效的沟通环节，需要得到高度重视，教师也需要掌握提问技巧。

三、现阶段初中英语课堂提问存在的一些问题

1. 英语提问环节不多

当前，在很多初中的英语课堂中，教师还是用传统的英语教学方法为学生传

授英语知识，在课堂上为学生朗读英文课文，很少向学生提问有关教材的知识，即使有提问也是检查学生对单词的掌握情况。由于教师很少对学生提出一些有针对性的问题，学生的自主探究能力很难得到培养，教师和学生之间缺乏有效的互动，学生的学习积极性和学习兴趣很难被调动起来。

2. 课堂提问内容科学性、针对性不强

现今，初中英语教师在课堂提问的过程中很难做到有针对性和科学性，在提问某一个学生的时候往往没有兼顾其他学生，因此无法全面掌握学生的学习情况。如果固定地对某些学生进行提问，学生的英语交流能力就会出现发展不平衡的情况，那些经常被提问的学生的英语交流能力会越来越强，而那些很少被提问到的学生的英语交流能力很难得到提升。另外，有时候教师没有在课前对课堂提问的问题进行思考、分析，在备课时对课堂提问的准备不足，课堂中的提问带有随机成分，提出的问题没有针对性，科学性也较弱。如果教师随机地提出一个相对困难的问题，甚至超出了学生的认知范畴，那么学生回答问题的积极性就会不高，回答错误后他们的学习自信心容易受到挫伤。

第二节　初中英语课堂提问技巧的应用及应遵循的原则

一、初中英语课堂提问技巧的应用方法探究

1. 明确学习内容

初中英语课堂教学的课前备课环节非常重要，教师在进行英语教学活动之前首先要明确课堂教学的内容，这样才能设计出有趣的问题。在设计问题的时候还要结合学生自身的心理情况和身体特点，教师可以先制作一些问题课件，例如Flash 课件、PPT 课件、微视频等。当然，设计的问题要尽可能具有针对性和可行性，能够为学生营造一个联系性较强的学习链条，这样环环相扣的问题链设计能

够使学生的学习注意力更加集中，从而大大提升英语教学的质量和水平。例如：在进行"Joining the Club"这一节知识内容的教学时，教师可以在课前为学生准备多种乐器的相关图片，图片上用英语标注乐器名称，也可以给学生展示不同乐器的英文名称，结合教材内容进行讲解，这样能够为学生创造良好的学习氛围，也能够提升学生学习的效率。

2. 注重锻炼学生的英语表达能力

在进行课堂提问的时候，教师要鼓励学生用英语回答问题。教师在向学生提问的时候一定要注意使用标准的英语，强调语音、语调变化，这样能够让学生在课堂环境中学到英语交流的技巧。教师让学生用英语回答问题能够为学生提供更多的说英语的机会，这样学生的英语口语交流就能得到训练。

3. 重视对学生的启发和引导

在课堂提问的时候，教师一定要重视对学生的启发和引导，对课堂提问的方式、方法进行拓展创新，确保问题提出方式的多样性，使学生能更积极地回答问题。另外，教师也应该不断地对所提问题的内容进行创新，要多提开放性问题，让学生通过思考问题锻炼自己的反应能力。教师还可以对本班学生进行分组，每一个小组中学生的总体成绩相同或相近，学生在组内先进行问题讨论，在得出答案以后让小组代表进行回答，这样学生间的合作能力就会加强，团队意识也能得到培养。最重要的是，学生对开放性问题进行讨论的时候，可以在小组内试着用英语进行交流，这样学生对课文知识的理解能够得以加深，并且能够锻炼口语交流能力。

4. 抓好时机

在初中英语课堂教学中，教师在不同的时机提出的问题所产生的作用和效果是不相同的。例如：在英语课堂开始的时候，教师一定要抓好刚上课的几分钟提出学生感兴趣且与教材知识相联系的问题。这样可以最快地把学生的注意力吸引到课堂上来，让学生尽快进入学习状态。在课堂中间进行提问的时候，要注意学生此时注意力容易分散，因此可以提出一些相对开放的问题，让学生积极进行讨论，能够有效减少疲劳感。而在英语课堂结尾进行提问的时候，应当做到：一方面让学生能够对本节英语课学习的知识内容进行总结，加深对本节知识的理解，让学生在课堂上就能巩固知识点，从而提升教学效率；另一方面要承接下一节的内容，让学生带着问题进行下一节课的预习。

5. 创新提问方式

多媒体技术在课堂中的应用越来越广泛，这就使英语课堂的提问方式也更加多样化。教师可以将多媒体技术和英语课堂相结合，利用 PPT、视频、音乐等形式创新提问方式。例如：教师在上课前可以为学生播放一段内容与教材知识相关的动画片，不仅能提升学生学习的兴趣，还能让学生尽快进入学习状态。教师还可以利用 PPT 课件，把课堂问题用特殊的颜色、图片、视频等不同的形式展示出来，这样的提问形式可以让学生对问题的理解更加深刻，学习起来也不会感到枯燥。

当前英语课堂提问环节已经成为课堂交流的主要形式，有效的提问方式有助于学生更好地进行英语学习。良好的课堂提问能够提升学生的核心素养，营造良好的课堂学习氛围，推动教师和学生之间有效互动。

二、初中英语课堂提问策略应遵循的原则

在初中英语课堂教学过程中，师生互动扮演着极为重要的角色。在师生互动过程中，教师可以通过提问的方式来提高学生听课的专注度，了解学生对刚刚所讲授内容的接受程度。所以从这一点来看，积极做好初中英语课堂提问，对于完成预定的英语课堂教学目标有着极为重要的意义，但是，由于诸多原因，有些课堂提问，在提问方式、时机、对象以及反馈等方面还存在一些不足。

提问策略，简单说，就是在提问过程中教师所采用的一系列方式、方法、理念、模式的总称。在进行初中英语课堂提问过程中，教师需要遵循以下几个原则：

1. 提问的目的性

在初中英语课堂提问过程中，由于提问的对象有限，课堂的时间有限，因此，教师要对提问的内容、提问的对象等方面进行预先的设计和安排，需要将本节课的课堂教学目标融入所提问的问题中。如果缺乏必要的目的性，将会使提问的效果大打折扣。

2. 提问的针对性

为什么要提问，向谁提问？这都是在进行初中英语课堂提问中需要思考的问题。这就需要围绕初中英语课堂提问的针对性进行强化。所谓的针对性主要是指所提问的相关问题与本节课的教学重点、难点有着非常密切的关系，或者说，某一教学内容，是学生在平常做题时容易出错之处。例如：在初中英语课堂教学中，很多学生对于英语动词的被动语态并不是很敏感，在做题过程当中容易出错。尤其是当出现现在时、过去时、将来时的被动语态时很容易混淆。所以进行针对性的提问可以有效地实现本节课的教学目标。

3. 提问的灵活性

课堂提问是教师与学生围绕本节课的内容，进行语言互动的一个过程。提问的方式、方法、时机、对象等并不是一成不变的。教师应结合学生在课堂的具体表现以及本节课的教学进度，灵活地选择提问时机以及提问对象。

4. 提问的发展性

课堂提问是一个系统的过程，也是一个循序渐进的过程。在提问的方式、方法，包括提问的载体、平台的使用方面，也需要不断地与时俱进。例如：当前，一些初中英语课堂提问中，为了体现提问的公平性，教师会运用多媒体电脑随机提问的方式让每个学生都做好回答问题的准备。这种电脑随机抽取学生提问的方式，不仅营造了生动的课堂氛围，对于初中英语课堂提问效果的提升也有一定的作用。

总之，在当前初中英语课堂提问的过程中，应该将提问的目的性、针对性以及发展性等原则进行落实。只有这样，才能够更好地实现初中英语课堂提问预定的目标。

第三节　初中英语课堂中教师提问引起学生焦虑的原因

一、教师的点名方式

在个别提问中，教师点名提问占提问总数的一半以上，虽然这与学生不愿主动发言有关，但这种方式易引起学生焦虑。教师随机点名会导致学生反应不及，答不上来或是答错均有可能引发焦虑情绪。教师在提问时需要根据学生的个体差异，恰当地调动学生的积极性，既保持学生的注意力集中又不至于让学生产生心理负担。在课堂中教师要变换提问方式，不要一味直接点名提问，要合理运用提问策略，鼓励学生积极主动发言。

二、候答时间不足

候答时间对促进学生的思考，特别是深层思考尤为重要。但是，由于课时紧张，教学任务繁重，教师不愿将宝贵的课堂时间用于等待上。从实际课堂来看，压缩候答时间或是不给充裕的思考时间都会引起学生焦虑。大多数学生认为没有足够的时间思考答案时，被点名回答问题让自己感到很恐慌。通过访谈发现学生普遍表示遇到有难度的问题候答时间不够用，在没有准备好时就被点名发言，心理压力很大。比如有的教师上课节奏较快，留给学生思考的时间短，导致学生回答问题的主动性下降，于是教师更多地使用直接点名的方式提问题。如果教师能保持耐心，适当放缓节奏，多给学生留一些时间思考问题，则不会给学生带来过多的焦虑情绪。

三、问题难度

问题的难易程度是学生焦虑的重要影响因素。如果教师提出超出学生应答能力的问题，学生会感到紧张不安，面临被教师点名回答问题的压力，无法给出有效的答案，将会加剧焦虑情绪。在课前，教师要合理设计问题难度，在课堂中，教师提问时要关注学生的反应，对问题的难易程度适当地进行调整。

四、教师的消极反馈

教师的反馈明显会影响学生的心理状态，消极反馈易引起学生的负面情绪。另外在学生访谈中，学生也表示当自己回答错误时更希望教师能够给机会纠正错误而不是被严厉批评。大量研究表明，在自尊心受到保护和鼓励的环境中，学习的认知活动最有效。学生自尊心逐渐受到打击，会降低其英语学习的成就感，并使其产生焦虑情绪。学生渴望得到教师的赞扬和肯定，不希望被批评和讥讽。直接的消极反馈会打击学生的自尊心，挫伤学生回答问题的积极性，引起或加剧学生的焦虑情绪。教师要慎用消极反馈，面对学生所犯的语言错误，采用合理的纠错方式。教师突然打断学生发言直接纠错，会使学生的思维被打断，无法继续发言，同时会产生强烈的焦虑感。

第四节　从隐喻角度分析英语教师课堂提问话语

隐喻普遍存在于我们的话语中，英语课堂话语中也包含了大量的隐喻。"隐喻思维能力是随着人的认知发展而产生的一种创造性的思维能力，是认知发展的高级阶段，是人们认识世界，特别是认识抽象事物不可缺少的一种认识能力。"因此，在英语课堂教学过程中，使用隐喻话语有利于语言习得，以下将通过对教师提问话语中的主观情态隐喻、旅行隐喻和自我角色隐喻三个方面进行分析：

一、主观情态隐喻

情态是人际功能的重要组成部分，表示语言使用者对事物认识的不确定性。

韩礼德认为，以命题小句出现的显性主观情态意义和显性客观情态意义都是隐喻式的，即"情态隐喻"。在初中英语课堂教学中，教师说话用词、用句不同，所表达的含义必然不同。在课堂交际中，太过直白的表述有时不容易被学生所接受，而且容易造成教学的不顺利或者失败，所以要借助隐喻"非一致式"达到交际顺利进行的目的。

二、旅行隐喻

在教师课堂话语中，隐喻始终贯穿整个课堂。"旅行、任务、开始、然后、最后到达、地图、定位"等词构建了"课堂教学是旅行"的隐喻。教师作为学生学习的"导游"，引领和指导学生学习，通过课堂提问，给学生指引方向，让学生能够主动思考，并且和学生一起探索和解决学习中出现的问题。隐喻性的课堂提问话语输入，更利于学生理解授课内容，进而提高他们的学习输出质量和输出效率。此外，教师的隐喻性话语使用，间接培养了学生的隐喻思维，使学生能更好地理解和学习英语。

三、自我角色隐喻

在师生课堂互动过程中，教师的角色在时刻发生变化。Harmer（1993:201）把课堂活动中教师的角色定义为控制者（Controller）、评价者（Assessor）、组织者（Organizer）、敦促者（Prompter）、参与者（Participant）和资源提供者（Resource Provider）。下面从隐喻角度对英语教师课堂话语进行分析，探讨英语教师在课堂中对自我角色的认知，以及是否在教学中真正体现了"以学生为中心"的教学观。

在交际教学法中，教师作为课堂的控制者、敦促者和组织者，要时刻组织、跟进和监控学生的学习动态变化，要依据不同活动改变对学生的控制力度。因此，使用不同的人称提问，反映了教师教学行为背后的教学理念，即是否具有"以学生为教学中心"的教学思想，有没有把课堂上师生之间的问与答看作是互动式的交流。

隐喻的普遍性与认知本质使得探讨教师提问话语中的语言隐喻表征及其作用成为可能。依据隐喻理论和语言教学方面的相关理论，英语教师的课堂提问话语的隐喻内涵和对学生的影响需要在课堂互动中体现。研究表明，英语教师在课堂中应该委婉表达自己的命令，提问时应该给学生更多的思考时间，不应限制学生的思维；在课堂提问中使用隐喻性语言，能够使课堂提问更有思考性，而且能够使课堂语言更生动形象，引起学生共鸣，能间接培养学生的隐喻思维，提高学生的理解和学习能力；提问话语中的隐喻使用能反映出英语教师在课堂中对自我角色的定位和认识，而且表明他们在课堂中所贯彻的"以生为本"的教学理念。该研究旨在帮助英语教师更好地理解隐喻在课堂话语中如何使用，帮助他们意识到形成正确的自我角色定位的重要性，并且把学生放在教学的首要位置，进而为他们在课堂中使用隐喻式提问提供帮助。当然，该研究的语料还不够充足和全面，所得出的结论有待和更丰富、具体的教学实践相结合。

第五节 初中英语课堂同桌互助式提问法浅探

目前初中英语教学中的班级多为大班，体现为人数较多，英语水平各有差异，这加大了教师课堂提问的难度。同时，不少英语教师课堂提问过于简单随意，这样就失去了提问的价值，也使学生对要回答的问题失去了兴趣，从而对英语课堂失去了兴趣。此外，教师对学生给出的答案评价不及时，存在评价单一、单纯考查语言知识、答案过于简单直接等问题，学生没有思考的空间。

一、同桌互助式提问法的尝试

笔者对英语课堂提问方式进行了大胆的尝试。同桌互助式提问法就是在课堂教学中教师以同桌（两人）为单位，同桌两人共同就教师的问题进行回答，同时规定学生所需回答的问题必须由两部分组成，即一个简单问题和一个较难问题。回答时，每个学生可以选择回答一个问题，可以对同桌的答案进行补充，也可以由一个同学复述题干，同桌回答问题。采用同桌互助式提问，一节课只用二十多个问题就能让全班学生都有展示自我的机会。不仅如此，这样一来，还能解决小组提问带来的混乱以及仅由小组长一人发言的问题。结果，在尝试了一段时间的同桌互助式提问之后，笔者发现这种方法可行、实用、科学而且高效。同桌互助式提问法可以解决大班规模教学学生人数多、师生交流困难、难以兼顾所有学生"说"的问题。

二、同桌互助式提问法运用的可行性

同桌互助式提问法形式多样，能针对学生的个别差异，有的放矢地进行提问，能有效解决知识从"哪"提、向谁"提"的问题，防止出现提而不动、启而不发的局面，同时也更能激发学生的学习兴趣，增强合作意识。例如：将"我有时乘公交车上学"翻译成英语。针对这个知识点，有两种回答方式："I sometimes take the bus to school."和"I sometimes go to school by bus."针对这个问题进行回答时，学习基础较差的学生往往只会第一种回答方式，而学习基础较好的学生同时会这两种表达方式。大量的课堂观察表明，学习基础较好的学生往往会让学习基础较差的学生先选择回答简单的问题，而自己则回答较难的问题。因为在这一过程中，学习基础较差的学生只对简单问题感兴趣，因为他们仅会这个知识点并能正确回答；而学习基础较好的学生更能挑战自我，针对问题进行思考，通过一定的训练，他们的回答往往会是独特的、艺术的，而且有创造性的。

另外，同桌互助式提问法有利于促进教师发展性地去评价学生的回答。对于学生的回答，教师不应只以测量、描述、价值判断来评价，而要更关注过程性评价，倡导以促进发展为基础的过程性评价。教师使用同桌互助式提问法，学生答不上问题的概率会减小，因为同桌两人在课前会进行知识的预习，对于没有回答上问题的学生，教师的评价应该是"再在题中找找看，这道题如果是我来做，我会先怎样做", 等等。最后应该以"细心会使你变得聪明"等语言对学生加以鼓励。

三、对同桌互助式提问法的不足的思考

同桌互助式提问法对教师引导学生的能力和评价学生的能力要求很高。如果教师能运用好这种方法, 将会提高学生学习的积极性。如果在运用中教师不能及时正确有效地给予评价, 这种方法的有效性就会大打折扣。教师必须有充满智慧和魅力的课堂点评, 因为精彩点评在课堂教学中具有举足轻重的作用, 它能激发学生的学习兴趣, 活跃学生的思维, 增强课堂教学的灵动性, 从而打造高效课堂。

第三章　初中英语差异教学研究

第一节　国内外差异教学的相关研究

一、国外差异教学研究

Bruner 的结构教学理论从心理倾向、知识结构、教学程序和反馈运用等四个方面详细论述了教学基本原理。他还专门强调了教学过程的差异问题，认为学习者在解决学习问题的心理倾向、兴趣指向、实施具体过程的技能、认知方式的表现以及在特定序列迁移的能力上，都存在个别差异。因此，他主张在教学过程中要为达到同一教学目标的不同学习者设计不同的活动方式，给某些学生提供"跳过"其他学生必须经过的那部分材料的机会。

Ausubel 的同化教学理论运用认知同化理论分析了有意义言语学习过程的三个阶段：学习新知识是同化的第一阶段，保持与遗忘是同化的第二阶段，再现是同化的第三阶段。因此，教学过程要力求使学生的这三个阶段依次产生，使知识同化，同时他还十分强调学生的有意义学习，认为有意义学习的产生必须具备两个条件：第一，客观条件，即学习材料必须具备逻辑意义。第二，主观条件，即学生必须具有意义学习倾向———一种积极主动学习的倾向。

Bloom 的掌握学习理论的主要内容是在学生的能力倾向分布中，除了上下各约 1% ～ 5% 的学生外，90% 的学生的能力倾向差异只不过是一种学习的速度差异，而不是智能的差异。因此，教师只要提供足够的学习时间与适当的学习帮助，95% 以上的学生都能够掌握所学知识。教师可以达到确定的教学目标，获得优良的教学成绩。教师在开展教学内容之前，要明确学生学什么、怎样学以及达到什么程度等，同时，教师要为掌握而教。掌握教学是一套有效的教学实践尝试，把集体教学、小组教学与个别教学融为一体，寻求集体教学与个别教学最佳的有机结合。集体教学是基础，小组教学或个别辅导是补充和深化，集体教学和小组或个别辅导教学交替进行，这样既可照顾到全体学生的共同需要，又可针对个别学生的弱点和不足，因人施教，有效地将集体教学与因材施教相结合。

Rogers 提倡"以学生为中心"的教育理论。以学生为中心是指学生是学习活动的主体，他们具有内在的潜能，能够自动发展自己的潜能。

"合作教育学"学派的核心思想是强调教育的社会人道主义和个性民主化，要求教师应千方百计地从人道主义原则出发，无差别地对待学生，做到师生人格上的平等。在教学过程中教师要始终注意对学生个性的培养和发展，保持学生的独特性，注意对学生的自由意识和责任感的培养。

总之，Bruner 的结构教学理论着力强调教学过程本身和教学的准备方面；Ausubel 的同化教学理论主要从知识掌握方面加以指导；Broom 的掌握学习理论从学法和教法两方面进行阐释，使集体教学与差异教学有效地结合起来；而 Rogers 的"以学生为中心"的教育理论从宏观上论证教育的最终目标和师生间的关系问题，这些理论都将为初中英语教学如何实现个体差异教育提供宝贵的理论依据。

二、国内差异教学研究

我国古代教育家孔子有关差异教学的理论，经历代继承，被确认为一种教学原则，并成为创造性教学的基本特点。孔子在《论语·雍也》中根据学生的个性差异提出相应的教育策略："中人以上，可以语上也；中人以下，不可以语上也。"

意思是"中等水平以上的人，可以告诉他高深的学问；中等水平以下的人，不可以告诉他高深的学问"。因此在解答学生的疑问时，即使是相同的问题，因为提问者不同，教师给予的答复也是不同的。

教育家陶行知从提高教学效果的角度，提出"教的法子要根据学的法子"的主张，要求教师从学生的实际出发，学生"怎样学就须怎样教，学得多教得多，学得少教得少，学得快教得快，学得慢教得慢"。总之，教学要量力而行，有差别地进行教学，倘使教师能这样进行教学，会费力少而成功多。

我国湖北大学黎世法教授在长期的学情研究的基础上提出了"最优化教学的实质是异步教学"的重要命题，并对班级授课、分类指导和个别教学有机结合的教学规律做了重要探索，取得了令人瞩目的成绩。

20世纪80年代末以来，随着我国九年制义务教育的实施和教育规模的不断扩大，同一班级学生间的个别差异问题日益引起教育界的重视。我国教育领域掀起了差异教学实践的热潮。

总之，差异教学在我国有着悠久的历史，几千年前的中国人就曾经提出了类似差异教学的原始概念。经过人们多年的研究，差异教学在中国呈现良好的发展态势，并且服务于中国的教育事业。

第二节 《新课标》与差异教学理念

初中英语教学要满足学生心智和情感态度的发展要求，不能放弃对英语学习不感兴趣的学生，而是要以各种方式激发他们的学习兴趣并将其转化为动机，让他们树立起学习英语的自信心，懂得和同学沟通，塑造爱学习、积极向上的品质。

差异教学正是基于《新课标》背景下，强调在实际教学课堂中运用差异理念，要求教师树立符合《新课标》的教学理念，优化教育教学方式，学会运用多种教育技术与教具调动学生的听觉和视觉感官。杨萍、张朝阳与栗洪武指出在《新课标》背景下差异教学要求教师、学生以及学校多方面的立体配合：第一，教师要以学生为中心，懂得站在学生的角度换位思考；第二，建立有效的师生关系，使教师与学生在良师益友的关系下进行异质交往；第三，教师之间要建立教学研讨会，通力合作，资源互补；第四，课堂上注重学生的差异性，如课堂组织、提问的差异性，课后对学生进行个别指导、多元化评价反馈，如建立档案袋评价等。陈燕指出以往在课堂上只注重教师，而《新课标》强调英语课程要关注每个学生的情感，激发他们学习英语的兴趣，帮助他们重建学习的成就感和自信心，使他们在学习过程中发展英语运用能力，提高人文素养，增强实践能力，培养创新精神。这些内容都与差异教学的理念和原则不谋而合。《新课标》的颁布标志着我国基础教育课程改革步入了全新阶段。2023年是课程改革全面推进之年，义务教育阶段的课程改革全面迈入核心素养时代。全面落实立德树人的根本任务，义务教育新课程勾画了培育时代新人的育人蓝图，其修订要点在于搭建新目标、建构新内容、催生新教学与倡导新评价，为义务教育阶段深化课程改革提供了有力的支撑和引领。教师要会"用"教材，而不是"教"教材，主导权在教师手里，要将死板的书本激活为学生易懂的知识。《新课标》提出要关注学生的情感，建议英语课程设计要符合学生的身心特点，多关注与考虑学生的个性、家庭环境等情况。只有尊重和包容每个学生的不同，才能真正做到面向全班。《新课标》提倡形成性评价、诊断性评价与总结性评价相结合。教师评价要与学生自评、互评，家长评价相结合。应鼓励教师采用多种课堂教学组织方式，注重对学生自身知识的提问与探索开放性思维，建立平等互助的师生交往关系，积极互动，使师生共同发展。活跃的课堂教学气氛以及灵活的位置安排、多样化讨论与合作等对提高学生的英语能力至关重要。

第三节　英语差异教学的现存问题及成因分析

一、差异教学在英语教学中存在的问题

差异教学在英语教学过程中存在一定的问题，主要表现在以下几个方面：

1. 学生在英语学习课堂中的主体地位缺失

传统的英语教学，教师习惯性使用"一刀切""填鸭式"的教学模式，教师在教学过程中作为主导者，忽视了对学生学习主动性的培养，这就使得学生的学习兴趣逐步减弱。从多年的教学工作中可以看出，如果教师无法适应新的教学模式，无法将学生作为教育教学工作的主体，势必会导致学生学习效果的两极分化，优秀的学生会越来越优秀，基础薄弱的学生的表现会越来越差，这种情况是作为教育工作者应该避免的。教师，不仅仅应当将优秀的学生保持在优秀的状态，还应当努力帮助基础相对薄弱的学生，实现教育公平。此外，部分教师在教学过程中忽视各学生的个体差异，这是差异教学在英语教学过程中存在的问题。

2. 教师差异教学观念落后以及自身专业素养有待提高

教师的教学观念直接影响他们的教育教学效果以及学生的学习成果。一些教师在教学过程中，会重点考虑升学率以及学生的学习成绩，从而忽视对学生学习兴趣以及学习主动性的培养，这是教师自身教学观念落后的一种体现。英语作为实践性强的学科，对学生的终身发展具有至关重要的作用，所以教师应改变传统的教学观念，为学生的终身成长负起责任。此外，部分教师在差异性教学理念的专业知识和能力方面仍有所欠缺，这对学生的英语学习发展是非常不利的。还有一些教师，缺乏心理学等方面的知识，虽然能够进行差异教学，但是收效甚微，同时也无法有效处理一些突发问题。

二、差异教学在英语教学中存在问题的成因

1. 教师观念问题

在初中英语教学过程中，传统的教学观念仍占据重要地位。很多教师凭借丰富的教育教学经验培养出了众多优秀学子，但同时他们也已经习惯了多年来一直采用的教学模式，缺乏积极主动地理解吸收先进教育理论、尝试新的教学模式的观念和勇气。也有部分教师表达出想要尝试的意愿，但由于没有透彻理解教育理论和差异教学的本质，无法将理论具体化并运用到实践中去，这种"尝试"便不了了之。另外，在考试制度和教学压力的影响下，很多教师认为实施班级授课制的英语差异教学是不可行的。由于教师认识方面的误解和观念方面的局限，差异教学的实施受到了制约。教师是课堂的组织者和引导者，只有教师转变观念，深入理解差异教学本质，勇于尝试和积极探索差异教学在英语课堂上的应用，才能从根本上解决问题，差异教学才能得以真正实施。

2. 教学管理问题

在国内统考制度的大环境影响下，各学校的教学管理也在一定程度上具有局限性。学校对于教师教育教学工作的考评以教学成绩为主要衡量依据，因此日常教学期间，特别是测验或考试后，教师十分关注班级学生的考试成绩。而这无疑在一定程度上映射出学校教学管理的重点所在。每次月考、期中考试和期末考试后学校都要求各科教师整理自己执教班级学生的相应科目考试成绩情况。同时学校教学管理相关工作人员会统计出每个班级各科成绩及格率、优秀率以及平均分等相关数据，并以这些数据为依据对各班级进行排名，在随后的考试总结研讨会中公布。教师的教学压力一部分来源于此。这间接导致差异教学的探索与研究只停留在理论层面，要具体在教学实践中实施具有一定困难。关于差异教学的理论研究越来越多，但将差异教学真正落实到教学实践中的很少。调查访谈中发现部分教师有尝试差异教学的意愿或者也在自己的教学实践中尝试过，但担心短时间内可能无法取得明显的教学成果，迫于教学压力便放弃了。因此，要保证差异教

学的顺利实施，教师在转变观念的同时，学校教育教学管理也应做出适当改革。

3. 教师任务问题

在课堂和课后观察中发现，教师每天都要备课、讲课、批改作业，还要进行班级管理，同时还需要不定期完成调研等工作，教师教学任务和管理任务过重，教学压力较大。在这种情况下，教师很难照顾到班级每个学生的差异。差异教学在初中英语教学的应用过程中存在众多问题。然而，存在问题不代表理论的无效性，理论运用到实践中都需要攻破阻碍、层层深入。基于多元智能理论的初中英语差异教学研究具有成熟理论技术支持，在教学实践中应用是切实可行的。

第四节　促进初中英语差异教学的策略

关于差异教学，我国教育专家华国栋教授是这样定义的：差异教学就是在立足集体学生的基础上，重视学生之间的差异，从而通过教学指导内容和教学目标等要素的不断调整，满足学生个体学习的需要。初中英语教学乃是为了促进学生英语学习和实现多元化弹性组织管理的需要。

一、重视学生的个体差异

世界上没有两片完全相同的叶子，这句话很有道理，以此类推，世界上也没有完全相同的两个人。班级里的每一个学生的智商和个人爱好都不尽相同。《基础教育课程改革纲要》强调：教师应尊重学生的人格，关注个性差异，满足不同学生的学习需要。这就要求教师在教学中杜绝"一刀切"的教学方法，重视学生的个体差异，例如学生的认知能力、动手能力、自主学习能力和品德等各方面的差别，然后利用教学目标、教学方法、教学内容等，不断挖掘学生的潜能，从而提高学生的英语成绩，满足他们的学习需求。

二、适合中国教育国情

中国是一个人口大国，也是一个受教育人口众多的教育大国。教学资源相对不足的国情，决定了初级教育特别是初中教育必须采取集体教学的方法。集体教学的目的是为更多的人提供受教育的机会，使学生学有所获。但是，要注意的是，集体教学并不是盲目教学，学生千差万别，教师不但要正视学生差异的存在，还要注重教学方法和策略，因材施教，因势利导，以个性化的"教"诱导个性化的"学"，方能让学生都学有所成。教育工作服务理念的出现，是适应市场经济发展和社会全面进步的需要。社会教育乃是为社会进步培养更多的人才，因此，学校和教师的职责就是全心全意为学生服务，尽职尽力做好培养和教学工作，这就要求他们在工作中要面对全体学生，为每一个学生提供良好的服务。当然，这种服务不但包括教学，还包括对学生兴趣、爱好、性格的培养。美国教育界流传着这样一种说法，那就是"差异可以助人抹平缺点，可以助人成功"。用在教育上是指，教师可以根据学生的发展状况为其提供合适的、良好的服务，促进他们的成长，从而为社会培养出更多的优秀人才。

三、提升学生在英语学习课堂中的主体地位

形成学生的自我认同感是差异性英语课堂的目标之一。传统英语教学方式的弊端在此不再赘述。差异教学法，需要教师帮助学生找到他们的主体地位，在以学生为基础的前提下，进行差异教学，进而帮助他们找到学习的兴趣和自信心，这对于学生的长远发展是至关重要的。提升学生的主体地位，还要求教师针对内向和外向的学生，进行不同的沟通和反馈机制，帮助学生了解自身学习的不足，从而更好地进行英语学习。以学生为主体，才能帮助学生进行差异化学习，才能使学生产生一定的学习兴趣，为学生的长远发展做好铺垫。同时，教师还应当关注学生的个体差异，有针对性地了解学生，有效进行差异教学。作为一名英语教师，会在日常生活中关注学生的情绪，欣赏学生的个性，挖掘学生的潜力，使学

生能够更好地在英语学习过程中收获快乐和喜悦。

四、改善教师的教学观念，提升教师的专业素养

教师差异教学观念的不足，是影响英语教学的因素之一，因此，教师可以通过改变观念来弥补自身教学方式的不足。首先，教师可以针对不同学生制定不同的教学目标，并有针对性地对不同学生的英语学习进行反馈，帮助学生有效提升英语学习兴趣和英语学习效果。其次，教师还可以实施差异教学的弹性作业和多元评价机制，可以针对不同学生的学习情况进行作业设置：针对基础薄弱的学生，可以设置得稍微简单一些；针对基础稍好的学生，可以设置得难一些。同时，教师还需要提高自身专业知识水平和专业能力。一方面，教师可以通过巧妙设置问题进行课堂管理。问题的设置，能够帮助教师了解学生的不同情况，从而有针对性地进行课堂内容的设计与课程目标管理。另一方面，教师可以运用多样化的教学方法和手段来兼顾学生的学习需求，使课堂效果达到最优化。

第四章 初中英语教学反思研究

第一节 提高英语课堂教学效率

《新课标》明确学生是学习的主体，教师是学习的引导者和组织者，鼓励学生主动参与学习，培养他们的自主学习和合作学习能力。提高中学英语课堂的效率，巧妙地组织教学，引导学生积极主动参与到教学中去，促进学生自主学习、自主探讨显得尤为重要。以"发展自主学习、主动参与、乐于探究、交流合作"为主要特征的课堂学习方法，能够唤醒、挖掘和提升学生的潜能，促进学生的自主发展，促进学生语言能力、文化意识、思维品质和学习能力等方面的全面发展，为学生的终身学习打下基础。

一、真心关爱学生，激发学生学习英语的兴趣

教师在教学中要有真情实感的投入，才能激发学生的学习情感。首先，在教学活动中，教师要爱学生，尊重学生，在教学过程中平等对待每一位学生，发自内心地关爱他们，使学生对教师产生尊敬和好感以及发自内心的亲切感，从而调动学生的情感因素，激发学生内心的学习兴趣。其次，教师在英语教学中要把握在课堂中的角色意识，营造和谐、民主的课堂气氛。这样的学习氛围有助于学生积极思维，增加探索知识的欲望，才能使学生的自我意识、自我表现全面发挥。

二、精心备课

"台上一分钟，台下十年功"，教师要实现高效课堂，必须在课前准备上下足功夫，备课不是单纯写教案，而是必须备教材、备学生、备教法，不仅要花时间钻研教材，理解教材，仔细琢磨教学的重难点，更要了解学生的实际情况，根据学生的认知规律选择课堂教学的"切入点"，合理设计教学活动。教师需要仔细考虑课堂教学中的细节问题，对于课堂上可能出现的认识偏差要有充分的考虑，针对可能发生的情况设计预案，确保课堂教学顺利进行，还要设计高质量的有针对性的课堂练习。教师再根据教学过程的设计和教学的实际需要制作好教学所必需的教具和课件、学生操作的学具等。教师需要在上课之前对于课堂教学中教、学各个环节都有精细的设计，在反思中遗留问题的讲解都应考虑在内，即对实现高效率、高效益、高效果有一个先期的预设保证。另外，教师一定要深入研究教材，清楚所讲内容的章节在中学英语教材体系中的地位和作用，教学设计要精益求精，尊重知识的形成规律，尊重学生的现有认知水平，设计好不同层次的问题，明确不同的要求。如将学生按能力水平由高到低分成 A、B、C 三组，在安排教学内容的时候必须以 B 组学生为基准，同时兼顾 A、C 两组，要注意调动各层次学生参与教学活动，使 C 组学生"吃得了"，奋发向上，B 组学生"吃得好"，不甘示弱，A 组学生"吃得饱"，充分发展，从而形成一种比、学、赶、帮、超的学习氛围。

三、创设良好的课堂氛围

为提高初中英语课堂教学效果，教师要改变传统的教学观念，以学生为本，创设高效的课堂教学氛围。教师要充分发挥学生的主体作用，要了解学生想什么，需要什么，使课堂上讲授的内容与学生产生共鸣。教师要注意讲课语言的艺术性，可以幽默一些，从而与学生打成一片。实践证明，幽默风趣的教师普遍受到学生的欢迎。课堂教学气氛好，教学效率就高。同时，教师要使学生紧跟自己的节奏，注意随时调整自己的情绪，使学生适应自己，尽力做到与学生思路一致，和谐相处，共同营造浓厚的学习氛围，这是提高中学英语教学效率的关键。

四、促进学生自主学习

课前自主学习，我们也通常称之为课前预习，指学生在上课之前根据教师的提示或者自己的学习要求，预设将要学习的目标内容，制订学习计划，做好具体的学习准备等。但学习的内容、学习的深度和达到的目标要求，可以根据个人不同的自学能力而有所不同。笔者一般要求学生必须完成预习，将重要的短语、句子画出来并重点进行解读和记忆，如果暂时不能理解就作为问题留下来，以备上课时有针对性地听教师的讲解。

五、充分发挥学生的主体作用，采取灵活多样的方式进行教学

英语课堂教学是在教师的组织和指导下，学生积极参与配合的过程，以学生为中心是这个过程的出发点。笔者在每节英语课正式授课前会组织一个学生进行三分钟演讲，演讲内容不限，题目自拟，最好结合本单元所学的词汇、句型、语法内容。要求用正确的语音、语调、有感情地进行演讲，这样可以锻炼学生的听说和写作能力，能有效地调动学生学习英语的积极性，收到了良好的效果。在课堂教学中教师是导演，学生是演员，教师的"教"是为学生的"学"服务的。教师要着重培养学生运用英语进行交际的能力，给学生创造各种语言环境，提供各种使用和运用英语的机会，使学生在英语学习的过程中始终保持主动状态，使教学过程转化为学生听、说、读、看、写能力的发展和提高过程。

六、采用科学的评价手段

英语课堂教学中，评价起着不可低估的调节作用。教师通过评价，能把对学生及其行为的认识和教师的情感倾向自觉或不自觉地传导给学生，如果学生在学

习中得到正面评价，那么他的内在价值就得到了外界的承认，学习的成就感就得到了满足。自尊心和自信心增强了，会有一种自我实现的快感。随之而来的学习英语的积极性就提高了，同时唤起更高水平的需要。相反，如果学生得到负面评价过多，会产生消极影响。

七、课堂上的注意事项

1. 先学后教，这是关于教学顺序的总要求

新授课一般要经过学生自主或合作性的学习、探究，当学生经过集体合作探究仍然不能解决某些问题时，教师再进行精讲点拨。

2. 创设有效问题情境

思维能力的培养，总是从问题开始，可以以生活中的问题进行创设，也可以以课堂生成的问题进行创设，等等。

3. 三讲三不讲

教师要在学生学会的基础上，重点讲易错点、易混点、易漏点；学生已经学会的不讲、学生通过自学能够学会的不讲、教师讲了学生怎么也学不会的不讲，充分利用有效时间完成教学任务。

总之，教师通过创设宽松、民主、合作、共赢的课堂学习环境和启发引导，激发和唤醒了学生的求知欲和内在的心理需求，培养和强化了学生的自主发展意识、自我表现意识和团队合作意识，让学生体验成功的快乐，学会学习，提高效率，从而得到全面发展。

第二节　初中英语课程改革体验

初中英语教学应做到：新教法以学生为主体，重点放在培养学生的主动性、提高学生的学习兴趣上；重视语音训练，打好语音基础；重视单元检测，保证教学质量等。下面将从以下方面详细阐述：

一、培养学生的主动性，提高学生的学习兴趣

1. 明确学习目的，在运用中增强学习兴趣

中学生年龄较小，阅历较少，对学习英语的目的往往不十分清楚。他们只把英语看作升学考试中要通过的一个考试科目，对于难记的单词、语法等感到枯燥乏味。要使学生对英语学习产生兴趣，除了讲解英语学习的重要性外，还要积极创造条件和环境使学生尽可能多地使用英语，让他们在运用中尝到乐趣，如开展一些情景对话、值日生每天用英语汇报情况、在学习中组织一些英语游戏等。还要尽量组织好第二课堂活动，如英语朗诵会，各种英语竞赛，学唱英文歌曲，阅读简易英文书报，辨认日常生活用品上特有的英语说明等。

2. 轻松愉快的学习氛围和环境有利于培养学习兴趣

心理学研究表明，轻松愉快的学习氛围能让学生以愉快的心情学习、思考并获得知识，有利于培养学生的学习兴趣。创造轻松愉快氛围的关键是使学生对教师有亲切感。教学不仅是教与学的关系，同时也是师生双方的感情和思想的交流。师生关系直接制约学生的情感和意志，影响学生的认知活动。

3. 不断变换教学形式，改进教学方式有利于保持学习兴趣

传统的教学模式基本是教师讲、学生听，整节课学生大多在听教师讲，而教师讲的内容多为语法，很少让学生自己开口说英语（除了提问），这样学生一节课都在忙着记笔记，教师又讲得很累，课堂上学生的收获就是笔记内容，课内都消化不了，课后又怎能吸收？一种好的教学形式连续不断地使用也会使学生产生厌烦情绪。从生理上讲，单一的形式容易导致大脑刺激的单调，使兴奋转化为抑制，降低学习效率。而从心理上讲，中学生正处于活泼好动、喜欢变换的时期，再好的教学形式和练习形式，如简单重复太多，学生也会兴趣锐减。因此，中学英语教师应根据学生的好奇、好动、好玩、好胜等特点和思维发展规律，采用多种形式，如采用做游戏、唱歌、讲故事、观看幻灯片、看录像、听录音等方式，

进行有趣的比赛和角色扮演等活动。

二、重视语音，打好语音基础

如果能够打下坚实的语音基础，也就拿到了英语入门的钥匙，也是练好听、说、读、看、写基本功的基础。初中英语教材十分重视语音教学，紧密结合字母、单词和句子，系统地安排了语音练习。因此，教师要正确把握要求，把语音教学贯穿始终。把语音教学作为七年级英语教学的主要任务之一。在语音教学中教师应特别注意自身的语音，充分发挥教材录音的作用。听音是语音教学的根本方法，要坚持先听音后开口，做到听清发准。让学生在学语音的过程中尽可能地受到正确的语言熏陶。

三、注意培养学生的交际能力

交际能力是通过交际活动培养起来的。交际活动指用所学语言真实地、自由地交流思想，共同完成某项任务。交际能力的培养是一个循序渐进的过程，而且要精心组织和设计，否则学生就动不起来，或动而无效。交际能力的培养可按照下列几方面进行由浅入深地训练：

· 一般打招呼和简单的客套话。如 "Good morning! How are you?"；

· 交流信息，介绍自己的好朋友，如 "I have a good friend. He is in Class Two."；介绍自己的住处，如 "We live in Zhongshan Road."；介绍过去的经历，如 "I went shopping Last Sunday."；介绍个人的打算，如 "I'm going to visit Uncle Li." 等；

· 讨论共识；

· 解决问题。

四、要重视培养良好的学习习惯

"授人以鱼，不如授人以渔。"由此可见，培养学生获取知识的方法比上课多讲一个语法点更重要。因此，英语学习在很大程度上是一种习惯养成的过程。良好习惯的养成，一方面靠教师的示范、榜样作用，另一方面要严格训练，持之以恒，养成良好的习惯。

1. 培养学生自觉预习新课的习惯

教师可以对新课的主要内容拟几个问题，让学生带着问题去看课文，边看边思考，不懂的做个记号，这样每个学生都有自己的难点、疑点，久而久之学生自己会发现问题、提出问题，让学生自己通过已有知识来学习新知识，这样他们就将新旧知识之间建立了联系。在教师教新课之前，学生已经对教材就有了不同程度的理解和掌握。

2. 培养学生用自己的语言复述课文

可以给学生一些关键词（Key Words），让他们自编与课文相关的对话，或是让学生对课文提出问题并进行讨论。

3. 鼓励学生独立学习

针对还未学过的知识，让学生先做一遍相关练习，让他们自己摸索和掌握解题方法和规律，也许学生不会做的，就是课文新的知识点，这样学习新知识点时，他们就更专心、更认真、更得心应手。

4. 鼓励学生多阅读英语报刊、英语课外书等

培养学生自主学习的能力，使学生真正成为学习的主人，达到"教是为了不教"的目的。

五、要重视单元检测，保证教学质量

在教学过程中，教师应对每一单元进行教学检测，通过这种手段测试学生对所学知识、技能、技巧和能力的综合应用程度。为了达到这个目的，教师应对测试提出具体的知识、技能、技巧和能力各方面的要求。

知识方面，要求学生全面系统地掌握该单元的基础知识；技巧方面，要求学生熟练掌握技能，做到运用自如；能力方面，要求学生在掌握知识、技能和技巧的基础上，具有综合能力，即能把三者结合起来，为使用英语进行交际打下基础。做好单元检测，要求教师必须钻研教材，吃透教材，明确知识、语言范围。注意传授知识的深度和广度。要让学生知道每个单元的学习重点并进行反复操练。教师要精心设计或选用检测试题。单元检测试题既要全面，又要突出重点，难易适中，能够较全面地检测学生的听、说、读、看、写的能力和初步运用英语交际的能力。同时，教师要做好检测后的讲评工作。

第三节　对初中英语教学的重新审视

在进行初中英语教学时，教师更应关注学生的学习过程，加强教学反思，把教学反思落到细处、实处，注意课堂知识的构建，注重对学生实际能力的考查。面对课程改革，教师应该做到：学习新的教育理念并不断地进行终身学习；注重知识的更新与多元文化素养的培养；运用多媒体知识；恰当地选择和调整教育教学策略，设计恰当的尽量真实的语言情境和丰富多样的语言实践活动，吸引学生主动参与语言实践活动；提高口语水平；尽可能变换教学方式；联系课堂内容，开展小组活动；要具备对自己的教学行为进行及时的反思和改进的能力，不断研究、创新、发展、丰富英语教学方法；给予特殊学生以特殊关心等。

一、教学目的上要转变观念

在传统的教学过程中，教师把系统地传授知识作为重点，目的在于让学生系统地掌握大量的知识，强调知识的系统性和条理性。教师在教学中反复考量知识范畴、重点和难点，进而开展教学，这通常会忽略对学生核心素养的培养。但是如今社会的知识更新很快，教学的主要目的不仅仅是让学生掌握系统的知识，还要让学生具备终身获取知识的能力，因此在设计教学过程中，首先要考虑如何使学生在探究性学习的过程中达到这一目标。

二、打破学科之间的局限，重视知识之间的迁移

《新课标》指出，应提升学生运用所学语言和跨学科知识创造性解决问题的能力。初中英语学科的跨学科学习观体现了《新课标》倡导的在体验中学习、在实践中运用、在迁移中创新的英语学习活动观。课堂教学时，英语语言学习的任务可有机融入跨学科主题的语篇学习中，教师应引导学生进行跨学科英语实践活动，以语言学习为载体，以跨学科主题为内容，多维度感受学习英语的乐趣，从而促进学生核心素养的发展。

三、在教学策略和方法上要转变自己的观念

课程改革要求学生的英语学科素养不能单纯地依靠知识的传承、讲授、灌输来形成，教师必须改变教学策略和改进教学方法，改变学生的学习方式，把学什么变成怎么学，把被动地学转为主动地去学。因此，教师在教学过程的组织和实施中要不断探究，在教学策略上确保探究性学习活动的数量和质量，改变过去重结果轻过程的做法，重视探究过程，不拘泥于某一种形式，从而达到预期目的。但是由于中考的升学压力，很多教师认为探究并不是每节课都要做的，一是受到课堂时间的影响，二是受到一些教学设备的制约，所以只能在合适的时间和场地进行，在讲课时把知识点贯穿到课堂教学中，教给学生知识的同时，让他们学会用自己的知识去解决实际生活中的问题。

四、整个基础教育带来的新变化

1.《新课标》的总目标是发展语言能力、培育文化意识、提升思维品质和提高学习能力

此次改革的重点是一改过去过分重视语法和词汇知识讲解与传授、忽视对学生实际语言运用能力的培养的趋向，强调从学生的学习兴趣、生活经验和认知水

平出发，采用任务型教学，让学生在体验、实践、参与和交流中发展综合语言运用能力。《新课标》增加了情感因素、学习策略、文化意识和跨文化交际能力等方面内容，体现了以人为本的教育观念，以培养学生的终身学习能力和健全的人格。

2. 倡导任务型教学的模式

所谓任务型语言教学，就是直接通过课堂教学让学生用英语完成各种真实的生活、学习、工作等任务，将课堂教学的目标真实化、任务化，从而培养其运用英语的能力。也就是说以具体的任务为载体，以完成任务为动力，把知识和技能融为一体，通过听、说、读、看、写等活动，用所学语言去做事，在做事的过程中发展和运用所学语言。

3. 新的评价机制和评价体系更加科学、全面和完整

《新课标》要求教学评价应贯穿英语课程教与学的全过程，包括课堂评价、作业评价、单元评价和期末评价等。教师要充分理解评价的作用，明确评价应遵循的原则，基于评价目标选择评价内容和评价方式，将评价结果应用到进一步改进教学和提高学生学习成效上，落实"教—学—评"一体化。

·教学评价应以学生核心素养的全面发展为出发点和落脚点；

·教师应根据课堂教学目标，及时了解学生的学习过程、学习进步和学习困难；

·教师应深入理解作业评价的育人功能，坚持能力为重、素养导向；

·教师应根据不同学段学生的认知特点和学习需求，基于单元教学目标，兼顾个体差异，整体设计单元作业和课时作业，把握好作业的内容、难度和数量，使学生形成积极的情感体验，提升自我效能感。

五、课程改革教学中存在的问题

课程改革的形势是好的，但是在实际教学过程中却存在这样那样的问题，表现为：

1. 课堂教学方面的具体问题表现在课堂教学活动中

这些问题有的源于教学观念，有的源于教学能力，有的源于教学条件。余文森教授在《新课程教学改革的成绩与问题反思》一文中谈到的四大问题，在我们的课堂中也不同程度地存在。主要为四点：教学目标的虚化、教学内容的泛化、教学过程的形式化和教学手段的不合理。

2. 从学生学习状态中反映的问题

现阶段的学生因为课业负担重，对学习内容不大感兴趣，从而导致心理压力大。其原因如下：教师的教学不能较好地联系学生的生活实际，学生体会不到知识的来源与价值；课堂教学及作业从内容到形式都显得单调枯燥；家长和教师过于看重考试成绩导致学生心理压力大，产生逆反心理。

初中生心理健康问题严重。初中阶段是学生身心发展变化最快的时期。目前教师对学生的心理发展规律和心理健康了解不够，也缺少该方面的教育能力，往往采用简单的教化去处理多种心理问题，导致学生出现抵触情绪。另外，加上家庭教育辅导等方面的欠缺，使得"育人"没有很好地与"授知"相匹配。

六、建议与对策

课堂教学方式出现了多样化的现象，但不可否认的是，在多样化的背后，透露出浮躁、盲从和形式化的倾向，学生内在的情感和思维并没有真正被激活。笔者在调研中深感初中课程改革的艰巨与困难，思考并寻求对策，建议如下：

1. 改变学生的学习方式

我们今天的教育要为学生的继续学习和终身发展奠定坚实的基础。要改变学生的学习方式，强调培养学生的自主学习、合作学习和探究性式学习。

2. 改变教师的角色

我们要改变学生的学习方式，为他们构建一个自主、体验、探究、合作、交往的学习平台。学习方式的改变关键在于教学模式的改变，教学模式的改变又在于教师角色的改变。"任务型"教学模式下，要让学生为完成学习任务而自主、合作、探究性地参与教学活动。因此，要转变教师的角色，才能建立起一种民主的、师生平等的、情感交融的新的学生观和师生关系。所以对学生来说，教师的角色要由管理者变为组织者，由传授者变为参与者，由控制者变为帮助者，由主导者变为引导者，由仲裁者变为促进者。从课程与教师的自身发展来看，教师的角色要由教书匠变为研究者，教师要学会反思和创新，要由实施者变为开发者，由执行者变为决策者。

3. 重视教学反思，促进教师教学观念的更新

反思即研究，教学反思是促进教师专业成长的有效途径。教师教学反思的自觉性也明显加深，但不可否认，在课改不断深入的过程中，也出现了一些"假反思"的现象，要把教学反思做真、做实。首先，教学反思应符合新课程要求，尤其是以《新课标》为依据。以《新课标》为依据，组织教师对传统教学方法进行反思，也要有对新课程理念下新的教学方法进行反思，处理好教学方法继承与创新的关系。其次，教学反思重点应在学生学习上。教学反思应关注是否调动了学生的学习积极性，是否改变了学生的学习方式，是否训练了学生的思维，是否培养了学生的情感意志。最后，教学反思的形式应灵活多样，"说"和"写"是两种有效方式。"说"：说成功经验，说不足之处，说问题与困惑，引起大家的共鸣，思维碰撞，产生火花，问题会渐渐明朗，思路会渐趋清晰。"写"：写教学案例，写教学日志，写教学反思，写教学故事，写研究报告，提升个人理性经验，也让同伴共享反思成果。

总之，课程改革不仅仅关注学生的知识和技能的获得情况，更关注学生的全面发展。只有这样才能培养出适合时代发展需要的身心健康、有知识、有能力、有纪律的创新型人才。通过实践和反思，充分证实适时的师生、生生之间的相互欣赏与激励评价可以充分调动学生的学习热情与应用英语进行交流的创新激情，同时使他们学会合作交流，为终身发展奠定良好的基础。

第四节　基于课程改革进行初中英语教学

课程改革要求教师转变角色、更新观念，提高专业水平、转变育人方式，从而在教学实践中更好地落实立德树人的根本任务。

一、明确目标

以往的英语教学中把"掌握语言基本知识和基本技能"放在教学目标的首位。而《新课标》要求把"激发和培养学生学习英语的兴趣，使学生树立自信心，养成良好的习惯和形成有效的学习英语策略，发展自主学习的能力和合作精神"放在首位。同时，提倡教学中要以"口语交际"为主，培养学生的口语能力，使每一个学生都能开口说英语，达到学以致用的目的和增强学生的实践能力。

二、改变英语教学方法

过去的英语教学中，总是教师讲，学生记。教师是课堂的主角，学生是听众，学生自由练习很少，口语、听力非常差。现在我们要转变这种模式，在课堂上以学生为主体，把主动权还给学生。那么怎样才能使学生在课堂中处于主体地位，提高学生的学习效率呢？可以从以下四个方面入手：

1. 在教学中应把时间和空间多留给学生

合作学习前给学生独立思考的时间。没有独立思考就进行合作学习，合作学习将流于形式，质量不高。有准备的讨论交流，才可能是高质量的交流。教师提出一个探究性的问题，给学生思考时间。在课堂教学中，时间是最重要的学习资源。教师对时间如何分配，直接反映教师的教学观。探究的问题性、实践性、参与性和开放性决定了探究学习必须有充分的自主学习时间，否则就是一句空话。

2. 精心设计教学环节，激发学生学习的主动性

学生学习的主动性主要在于教师的调动能力。在学生消除心理障碍后，就需要教师精心设计教学的各个教学环节，设计模仿、会话，口头练习、笔头操练、提问，激发学生学习英语的兴趣，激活学生的思维，激起学生的情感，使学生全身心地投入英语学习中。

3. 充分利用学生的差异

在以往的课堂上，教师对学生的要求是整齐划一，束缚了学生创新潜能的发挥。教师要尊重学生的个性，满足学生的不同需求。因此，我们不能用一个模式去塑造和评价学生，不能用一个标准去衡量学生。要尊重学生的不同理解和认识，让课堂成为学生发挥个性的天地，成为自我赏识的乐园。

4. 创造性地运用教材

新课程倡导教师用教材教，而不是简单地教教材。教材只是书面的东西，而且所承载的信息是有限的。传统的教学与新课程教学有很大的区别，以往的教学只是要求讲解知识点，而现在的新课程强调要引导学生学会观察，学会思考，学会如何学习。教师与学生的位置也发生了变化，从以教师为中心转向以学生为中心；学生的学习方式发生了变化，从独立学习转向了合作学习；学生的学习态度发生了变化，从接受学习转向探究式学习。

5. 要让课堂"活"起来，学生"动"起来

怎样能使学生"动"起来？

（1）激发学生在课前准备阶段"动"起来

这就要求教师在备课的时候，要认真地钻研教材，研究学生，设计教法。在备课时，不仅仅局限于教师自己备课，同时也可要求学生参与。

（2）引导学生在导入新课阶段动起来

是否成功地导入新课，直接关系到这节课能否顺利进行。笔者通常都是通过值日报告来导入，一方面锻炼学生的口语，另一方面训练其他学生的听力。这种方法有一定的效果，但每天如此会让学生厌烦。如果教师能增加一些新花样，变换不同的方式，学生的注意力一定会保持集中状态，如可以开展小竞赛、讲故事、做游戏，等等。

（3）鼓励学生在练习中"动"起来

让学生在生动、形象、直观的情景下轻松、愉快地掌握所学的知识。课程改革强调能力，但更应注重基础。处于基础教育阶段的初中英语教育应是让学生学习一些基本知识、掌握一些基本技能，为他们进一步学习打下较好的基础，而不应是重在培养学生的实际运用能力。

教师应以学生的英语学习为中心，扎实抓好课堂教学，让学习落到实处，"以学生为中心"，把学习的主动权交给学生。

第五节　与课程改革共成长

新课程，强调要促进每个学生的身心健康，培养学生良好品质和终身学习的能力；新课程倡导建设性学习，注重科学探究的学习，关注体验性学习，提倡交流与合作、自主创新学习。课程改革的成败关键在于教师，教师是课程改革的实施者，作为教师必须做好充分的准备，学习课程改革理论，更新教学观念，迎接新挑战。

一、如何进行音标教学

《新课标》中没有突出音标教学，但为了帮助学生掌握单词，改变学生从一开始学英语就处于被动学习状态的现状，教师必须进行音标教学。笔者认为可采用先集中后分散的教学原则。这里所说的集中，即首先运用三个左右的学时，集中教授26个字母，这期间穿插一些日常用语和简短易学的英语歌曲；其次，用两三周的时间进行字母、音素和音标的教学，教学的重点要放在了解字母、音素、音标三者之间的内在联系上，明确各自在拼读单词中的作用，完成48个音素、音标及其相应字母、字母组合的教学，使学生初步通过发音、拼读开口关。同时，结合教材生词表上的单词让学生练习拼读，使学生掌握用音、形、义相结合的正确方法识记单词，从而初步形成独立拼读的能力，使英语学习从一开始就进入积极主动的状态。最后是分散教学，即按照教材所编的教学任务施教，以达到在教学中进一步分散巩固前面所学的字母、音素和音标，让学生形成熟练的拼读能力，并为进一步学习英语打下一定的基础。

二、如何进行词汇教学

目前的多数教材词汇量大，自然也就增加了教学的难度，但我们又必须让学生掌握，否则难以适应教材的要求。实践证明，传统教学中，靠讲解和机械操练掌握词汇的方法是不可行的。尤其在当前乡镇中小学中脱节现象更加严重，为此更应注重培养学生自学的能力。具体应做好下列几点：

1. 重示范

在教单词时，要求教师示范到位，发音清晰，讲解发音要点。同时培养学生认真听、专心看、积极模仿的好习惯。确定学生大都听清、模仿正确后，再出示单词卡片，以免分散学生的注意力。对直观的单词配以图片、体态语帮助学生理解。

2. 重情景

单词是构成语言的三大要素之一。人类思维活动是借助词汇进行的，人类思想的交流也是通过由词构成的句子来实现的。因此单词具有语言的意义，应在特定的语境中引出，这样既便于学生理解，也能使学生印象深刻。

3. 重以旧引新

在教学中我们应提倡"新旧贯通"。这也是一个很好的学习方法。如：pen—pencil—pencil-box、day—today—Monday—Tuesday—yesterday、all—tall—ball—small 等。

4. 重运用

学习单词的目的是运用词汇，并能正确运用到书面表达之中。在英语教学中创设一定的语言情境，使学生置于一种真实的语言环境中，从而使他们自然而然地使用所学词汇来表达思想感情，达到学以致用的效果。

三、如何设计好课堂任务

《新课标》倡导以任务为基础进行教学，也就是引导学生通过完成具体的任务活动来学习语言，让他们带着特定的学习目的去实施特定的语言行动，通过完成特定的交际任务来获得和积累相应的学习经验。设计任务的同时要给学生提供明确、真实的语言信息，使学生在一种自然、真实的情境中体会语言，掌握语言。

1. 任务要真实

既要从学生的认知水平和生活实际出发，又要与社会生活紧密相连。如教授 "Can you come to my party?" 这一单元时，我们可以设计这样的任务：某同学要举办一个生日晚会，他邀请各位同学参加，你是接受还是拒绝，用英语如何表达？

2. 任务要由简到繁、由易到难、层层深入

任务设计要由初级到高级并由高级任务跨入初级进行循环。

3. 要注意任务的合作性

任务的完成必须依赖学习者之间的共同合作，每一个学生在执行任务的过程中，都担当各自不同的角色，需要提供自己所掌握的信息，在共同完成任务的过程中培养合作精神。

四、如何组织阅读教学

我们一般采用阅读教学法，通过发现问题、分析问题、解决问题来获得知识，强调自学与合作学习。在课堂教学中，教师到底要不要讲，究竟应该怎样讲？只让学生畅抒己见而没有教师精细的讲授和适时的点拨，学生的思维不可能深入；只让学生想象体验而没有教师开启智慧的引导，学生的创新精神很难得到培养。因此教师作为学生学习的组织者、引导者、促进者，必须从教育规律和学生的实际出发，精心设计好自己的"讲解点"。

1. 自读之前启发讲

即在学生自主阅读之前，简明扼要地揭示阅读要求和重点。

2. 重点地方着重讲

对材料中的重点、难点和关键之处，在学生自读、自悟的基础上进行重点讲解。

3. 疑难问题明确讲

当学生在材料理解上遇到疑难时教师要鲜明地讲，从而为学生解难释疑，让学生正确理解、领悟材料内容。

五、语法教学也要引起重视

《新课标》倡导和鼓励任务型语言教学，让学生通过表达、沟通、解释、询问等各种语言活动形式来学习和掌握语言。如 "I'm more outgoing than my sister." 这一单元的教学重点是形容词的比较级，教材中没有提到任何语法规则，但在教学实践中到底要不要教授语法？

当然，应该重视语法教学。语法教学的重要性并不是要回到传统的语法教学中去，而是强调培养学习者的语法意识。语法在语言中起的是调节性的作用，但是这一功能必不可少。事实上，在农村大多数学生在离开课堂之后并没有多少机会听说英语，他们十分缺少听说英语的氛围。而在课堂中学到的毕竟有限，如果他们掌握了规律，那么在任何时候都能通过思考，转化成自己的知识，继而形成语言能力。一旦有了良好的外语交际环境，学生自然也就能自如地运用。

六、如何进行听力教学

语言技能分理解性技能和表达性技能，具体包括听、说、读、看、写等方面的技能及其综合运用。一个人运用语言的能力必须在吸收信息与表达自己的交际过程中得到提高。在英语教学中，听、说、读、看、写既是学习目的，又是学习手段。所以我们在英语教学中，一定要引导学生通过大量的听、说、读、看、写的实践，提高他们综合运用英语的能力。

1. 进行大量的听说训练

"听"是对输入信息的"加工"，"说"是表达，是"输出"，没有输入就没有输出。在听懂的基础上说，在说的同时增强听的能力，使两者有机结合，相互促进。

2. 进行听写训练

有意识地安排听写一些音相近的单词，一些含有同化、强弱读、连读、失去爆破或包含否定的句子，以强化学生的记忆力。

3. 注重听读训练

在听完一两遍录音后，让学生模仿跟读。学生在跟读时，应仔细揣摩句子的重读、弱读、失去爆破规则，从而掌握一些朗读技巧。

七、如何运用教材教学

人教版初中英语教材每个单元由两个部分组成。其中 Section A 教学本单元的基本语言结构和词汇；Section B 有扩展的词汇及表达方法。教师可适当调整教学内容及教学重点，针对听力材料难度偏大的 Section B 部分，笔者认为在讲这一部分的时候，应做适当的调整，可以先讲阅读材料，提示重点单词、短语或句型，等等。

一节成功的公开课，教师需要具备熟练驾驭课堂的能力，标准的语音、语调和有益于开发学生心智的课堂教学设计。课堂上，教师除了使用多媒体等现代化教学手段外，还要处理好各个教学环节，既有引人入胜的开头，又有高潮迭起的中场，还有画龙点睛的结尾，更有开启学生发散性思维的升华。尊重学生的不同意见，鼓励学生有创意的思想，特别是在有争议的问题上更注重培养学生多元的思维能力，促进创新精神的形成和发展。让学生在课堂上体验成功的喜悦，获得进取的力量，分享合作的快乐。一节好的公开课包含一些不确定性，我们应该乐意接受这些不确定性。每一个具有创新教学理念的教师都知道，这些不确定性很可能具有独特的教育价值，它们本身就是教学过程中不可或缺的一部分。今后应从深处入手，全面更新课堂教学观念，在教学中体现先进的教育理念，大胆地在课堂外积极探索教材教法，在课堂内充分运用科学的教学方法；狠抓教学理论的学习和深化"教学设计"，在平时的课堂教学中一丝不苟地完成教材分析、学生分析、设计理念、教学目标、教学流程、课后反馈或自我点评等一系列的课堂教学工作，为公开课教学打下坚实的基础。

总而言之，课堂教学应是向未知方向挺进的旅程，随时都有可能发现意外的通道和美丽的图景，而不是一切都必须遵循固定路线而没有激情的行程；如果每一节公开课都贯穿富有启发性的教学设计，课堂成为学生探索世界的窗口，那么英语公开课一定会在课程改革和《新课标》的实践中发挥大功率动力引擎的推动作用。通过公开课及课后的及时评价，笔者深深地感到，教学永远是一门无止境的艺术，无论怎样构思教学，总有需要我们进一步改进的地方。因此，备好课绝不是一句空话，它需要我们充分了解教材，了解学生，踏踏实实地考虑好每一环节，这样每一节课才会更高效。教师要使英语成为学生生活中须臾不可或缺的有趣事物，使英语学习成为学生的自觉行为，使学习过程成为一种满足内在需求的主动的探索过程。在英语教学中实施素质教育，就是要把学生培养成为积极的学习者和有创造性的未来建设者，这是时代的要求，也是英语课程改革的要求。要把理论和实践相结合，不断提高自身素质，多听有经验的教师的课，取其精华，并将其运用到自己的教学当中，不断反思自己教学中的不足。作为课程改革成功与否的关键性因素，教师自身要深刻理解课程改革精神，把教学与课程改革目标紧密结合，不断更新观念，与新课程共成长。

第六节　更新教学观念，迎接新的挑战

随着课程改革的不断推进，如何在课堂教学中确立与新课程相适应的体现素质教育精神的教育理念，坚定不移地推进教学方式和学生学习方式的转变，是时代赋予当代教师的历史使命。在学习新课程的教育理念、学习课程改革实验区教师已有成果、借鉴其他教师经验的基础上，笔者在课堂教学中努力实践新的教育理念。实践中，新课程理念与我们的传统教学观发生着激烈的碰撞。

课程改革是人的改革，课程发展是人的发展，需要全员参与。初中英语课程改革力图体现"为了每一个学生的发展"的基本理念，以进一步提高学生的科学素养为宗旨，激发学生学习英语的兴趣，尊重和促进学生的个性发展；帮助学生获得未来发展所必需的英语知识。英语教学就是让学生在听、说、读、看、唱、演、练中悟出知识。倡导以科学探究为主的多样的学习方式，重视英语学习方法的启迪，提高学生终身学习的能力和在现代社会的生存和竞争能力；培养学生的爱国主义精神、集体主义精神和健康的世界观、人生观、价值观和社会责任感。

教师要在教学中常常反思。尤其是一线教师，重要的工作阵地就是课堂。但教师不能只是课堂技术的机械执行者，必须是课堂实践的自觉反思者。教师要在读书中反思，在工作中反思。

一、知识的"更新换代"非常必要

对于英语这门课程来说，本身就是一种挑战，要提高学生对英语的兴趣和提升学生的学习水平尤为困难，所以知识的更新尤为重要。教材是教学过程的载体，但不是唯一的载体。在教学过程中教材是"死"的，但作为教师的人是"活"的。在课程改革的今天，笔者深刻地感受到了学生知识的广泛化，作为新时代的英语教师，要不断地增加、更新自己的知识，活学活用，才能将教材中有限的知识拓展到无限的生活当中去。是用教材教，还是教教材？教师必须用全新、科学、与时代发展相结合的教育思想、理念、方式、方法来更新自己的头脑。

二、注重教学方法的生动性与合理度

只有多关联生活，多创造情境，多动手操作，多注重教学方法和学习方法，英语课堂才能变得丰富多彩。学生的学习内容需是现实合理的、有意义的、富有创造力和挑战性的。从情境中引入要学习的内容，激发学生学习的兴趣和欲望，使学生体会到英语无处不在，通过与学生的互动交流，达到预期的教学效果。

三、注重激发学生的学习兴趣和求知欲

首先，作为教师，必须热爱自己的教育对象——学生。教师应该是一位雕塑大师，能将一块坯材，用自己的思想与感情，将它雕塑成一件艺术精品。从本质上看，学生并不存在好坏之分，原因在于他们的潜能被种种主客观因素所束缚，只是未得到充分的释放而已。主客观的因素，都会严重束缚学生内在潜能的发挥，都会成为学生健康成长与发展的障碍。正因为如此，教师对基础薄弱的学生，更应加倍地关爱与呵护。在他们身上，教师要倾注全部的爱，发现他们学习上每一点滴的进步，去寻找他们生活中、品德上的每一个闪光点，然后运用激励机制，加以充分的肯定和激励，使他们感到温暖，增强自信，从而缩小师生心灵间的距离，使他们产生"向师性"。这样，才会让他们在成长与发展的道路上有一个质的飞跃。教师在教学过程中应充分调动学生的求知欲，培养学生的主动性和创造性，增强学生使用英语的能力。

四、反思总结实践探索，提升专业素养

在学习的过程中，通过与专家的交流、同行的商讨与相互学习，通过转变、

拓宽、更新、丰富，围绕课程改革，准确把握新课程学校教育教学中的问题和实效，争取成为一名有理论水平、有学科知识、有思想、善反思、勤实践的教育教学引路人和学科带头人。中学教育应注重学生的基础学习能力的提高，因为基础学习能力是学生适应未来社会的前提，是开展终身学习、促进自我完善与发展的基础。要注重学生创新性与开放性思维的培养，教育应该培养心胸开阔、能够站在全球化视野思考问题并创造性地解决问题的学生。在强调提高学生学科成绩的同时，也应该强调学生的价值观教育和道德教育，培养学生对真理、正义、诚信、责任感的追求。教师要尊重学生的经验，因材施教。

在教育改革、课程改革以及教师体制改革风起云涌的今天，对学生的培养不能再循规蹈矩，教师必须通过创新性的工作去寻找适合自己教育对象的方式、方法。在以后的教育教学工作中，在模仿、学习他人的基础上，教师应不断总结、思考自己的经验，结合自己的特点与优势，创造性地加以运用，逐渐形成自己独特的风格。要不断扩展自己的知识与兴趣爱好，以便从各种渠道获取的信息中得到启发。努力创新，在教育教学中，展示自己的创新成果，从而在潜移默化中培养学生的创新意识。

心理健康是学生走向社会的重要条件，培养学生健康的心理素质也是素质教育的重要内容。教师对学生的心理健康的影响很大，教师的性格对学生发展的影响是长期的、潜移默化的。教师良好的性格不仅能时时感染和影响学生，而且能为学生的健康成长提供良好的心理环境。因此，教师要为人师表，在教育教学过程中要学会鼓励、学会宽容、学会公正、学会呵护；教师应保持乐观、开朗、热情的心态，以饱满的热情从事教育教学工作。教师要从长远的视角出发看待教育的成功与失败，并为学生的全面发展而努力。教师应根据学生的特长和兴趣培养出能满足社会需要的专业人才，同时又能培养出少数个性特长得到发展、一专多能的高素质人才。教师应着力培养学生的能力，挖掘学生的内在潜力，在动机、兴趣、方法习惯方面给予重视。"学堂"重在学生的学，而"讲堂"重在教师的讲。我们的教学模式曾经是教师处理文本给学生听。而我们现在努力实现的教学模式是教师指导学生，学生与文本对话。一个称职的教师不是告诉学生真理，而是告诉学生寻找真理的方法。

一个成功的教育者，首先是一个善于自我更新知识的学习者。教师的知识更新包含两个层面的内容，一是打破，二是重建，即打破传统的、陈旧的甚至是落后的教育理念、理论和教学的方式、方法，建立起一整套全新的、科学的、先进的、合乎时代潮流的教育思想体系。义务教育英语课程的基本出发点是促进学生全面、持续、和谐地发展。《新课标》的基本理念：面向全体学生，注重素质教育；整体设计目标，体现灵活开放；突出学生主体，尊重个体差异；采用活动途径，倡导体验参与；注重过程评价，促进学生发展；开发课程资源，拓展学用渠道。英语课程要围绕核心素养，体现课程性质，反映课程理念，确定课程目标。

第七节　英语课堂教学实践与探索

一、情感教学在初中英语教学中的应用

在英语课程改革的新时期，对英语教学模式和教学理念进行创新和改革已经成为教学工作中的重点内容。而对初中英语教学中应用情感教学理念的策略进行研究，是为了强化英语教学的效果，发挥出积极情感的有效作用，帮助学生逐渐树立起学习信心，以此构建起高效率和高质量的英语课堂。

1. 在初中英语教学中应用情感教学的价值

对于新时期的初中英语教学模式和学生的发展来说，在英语教学中应用情感教学手段具有重要的价值：首先，教师对学生的积极引导有利于引发学生的积极思维，充分认识到自身的优势，逐渐树立起学习信心，并以十足的热情投入学习过程中，以此达成高效学习的目标；其次，有利于完成素质教育的英语课堂目标，促使学生在新型教育模式中，学习英语文化中优秀的思想道德素质、坚强的意志

品质等，并将其合理转化为自身的人生态度，强化学习效果。

2. 在初中英语教学中应用情感教学的策略

（1）运用信息技术手段，激发学生的学习兴趣

情感教学思想在英语课堂教学中应用的目的是激发学生学习英语知识的兴趣，如果教师能够真正领会情感教学的真谛，并使用恰当的教学手段和方法开展教学活动，就能够帮助学生提高学习积极性。所以为了激发学生学习英语知识的兴趣，教师可以运用信息技术手段进行英语教学，让学生在新型教学设备和资源的影响下产生浓厚的学习兴趣。而在以往的英语课堂教学中，大部分教师将信息技术手段等同于再现教材内容的展示设备，这不仅局限了信息技术的使用范围，而且固化了其使用方法，无法发挥信息技术激趣的作用，也不能使初中生获得积极的情感体验。因此，为了将情感教学的理念渗透到英语课堂中，促使初中生在积极思维的引导下产生学习兴趣，教师可以借助信息技术，通过网络平台查找与课程内容相关联的情感元素，诸如文本创作背景故事、文本人物励志传记等内容，并在课堂教学阶段，利用班级内的多媒体设备或者智慧学习平板等智能化和信息化的设备展示网络资源，从而将信息技术手段贯穿于英语教学准备及课堂教学阶段，以此达到激发学生学习兴趣的教学效果。

（2）利用教材情感资源，启发学生积极思维

积极思维是一种正向的心理状态，它能够使学生产生积极乐观的学习和生活态度，促使学生主动参与学习。如果教师能够在英语教学中挖掘情感资源，就能够帮助学生在阅读资源和分析素材的过程中产生积极思维。而在英语教材改革和创新的背景下，教材中蕴含着丰富的情感资源，所以教师可以利用英语教材中的情感资源促进学生的积极思维。不过从目前的实际教学情况来看，教师在教学的过程中受应试思想的影响，通常会对教材内容进行删减式的讲解，忽略其中包含的情感元素，也没有利用其进行思想道德教育，而是进行文化知识、基础理论教学，在这种情况下，学生很难利用教材资源形成积极思维。因此，为了在初中英语课堂中构建独特的情感教学模式，启发初中生的积极思维，教师可以重新审视

英语教材的作用和价值，探索和挖掘其中所蕴含的丰厚情感元素，将其合理地融入教学内容和形式中，让学生在阅读教材资源、分析理解文字素材和插图素材的过程中受到积极的情感引导，这样学生就能够在掌握基础知识的同时，形成能动性的学习理念，从而强化英语学习效果。此外，在运用教材情感资源时，教师还可以分析初中英语写作教学的重要性，着眼于对学生写作素养的培养，鼓励学生围绕情感素材展开写作。学生先思考素材情感，再在写作中表达真情实感，既促进了英语情感的内化，也促进了思维情感的输出，教学效果同样能够得到增强。

（3）培养自主学习意识，感悟合作探究乐趣

尊重学生自主地位、鼓励合作学习是新时期初中英语教育工作重点强调的，也是优化学生英语学习情感的重要举措，因此初中英语教师应基于情感教学思维设计课程活动，着重培养学生的自主学习意识，同时鼓励他们在合作状态下探究英语知识。将学生的主观学习能动性调动起来并在自主学习中锤炼他们的英语学习能力，使他们不再被动记忆知识，不再处于教师刻板要求下，师生角色完全转换，学生英语学习体验感增强，知识探究热情持续提升，既促进了课程活动的有序推进，也促进了其个人英语水平的稳定提升。而在合作探究模式下，生生交流增多，学生英语思维在交流中实现有效碰撞，英语问题不断被发现并在学生相互启发和帮助下得到解决，学生发现并解决英语问题的能力与效率显著提高，既增进了生生情谊，也深化了教学成效，优化了初中英语学习情感。但综观初中英语情感教学实际，情况不容乐观，依然有一部分教师在主导初中英语课堂，在课上一味地向学生灌输知识，不仅没有积极组织学生开展合作学习活动，也没有将知识探究主动权交还给学生。对此，改变迫在眉睫，相关教师应对《新课标》提出的初中英语教学新要求展开学习，妥善践行，同时研究更先进的初中英语情感教育思维，切实转化教学方法与课程设计手段，高度重视学生自主学习的重要性。自主思维在学生英语学习环境中不断渗透，独立探究与合作情感持续发挥积极作用，初中英语情感教育效果自然可以在潜移默化中增强。

（4）加强师生双向互动，培养学生学习信心

学生的自信心和自尊心是影响他们学习效果和为人处世观念的重要因素，也是情感教学的重点培养对象，学生只有坚定学习的信心和理想，才能在学习中发挥能动性和自主性。所以为了培养和增强初中生学习英语的信心，教师可以与学生构建起双向互动的关系，加强自身对学生的积极影响。但是在对现阶段教学模式的观察过程中不难发现，教师在英语教学中表现出了较强的干预性，无法给予学生充足的自主探究时间，也很少通过情感引导的方式让学生认识到自身的优势，在这样的教学环境中，学生往往会产生消极的学习情绪，进而影响最终的教学效果。因此，为了改善当前学生学习信心不足的问题，教师可以加强与学生间的互动和沟通，在课堂中利用语言引导、语言鼓励、口语交流等方式，让学生在自主学习中获得成就感和满足感，并在教学的过程中肯定学生的付出和努力，促使学生体会到学习英语知识的乐趣，以此培养他们的学习信心，同时也能够让他们在自主探索中更加深刻地理解英语知识。

（5）构建情感教学情境，调动学生的参与热情

初中生参与英语课堂的热情是提升教学有效性的基础与前提，如果教师能够调动起学生主动参与教学过程的热情，英语教学就会朝着教学目标稳步迈进。因此，教师要创新教学理念，通过构建情感教学情境的方式，让学生在符合其认知和实际教学内容的英语情境中，收获别样的情感体验，由此完成调动初中生课堂参与热情的任务。而在当下的初中英语教学中，部分教师将情境教学法视为活跃课堂氛围的表面形式，没有考虑学生的认知能力和具体的教学内容，导致课堂情境与教学主题不相符的情况出现，所以学生无法在契合实际情况的情境中感知学习英语的乐趣，自然也就不能调动起自身的学习热情和积极性。对此，为了体现情感教学的价值，改善当前英语课堂中学生参与度不足的现状，教师可以在尊重学生主体地位、综合考虑教学内容的前提下，提炼出教学内容中的情感主题，通过讲述故事、引入生活案例等方式构建情感教学情境，让学生在生动、形象的情境中体会到教学内容中的情感元素，并在此基础上调动学生参与课堂的主动性。

（6）引入趣味记忆方法，增强学生的学习效果

英语学科中包含大量需要记忆的内容，这些内容对学生记忆能力和学习方法提出了较高的要求，如果教师能够利用情感教学理念开展英语教学活动，那么学生就能深化自身的记忆和学习效果。所以在初中英语教学中，为了增强学生的学习效果，教师可以秉承情感教学理念，在课堂中引入趣味记忆方法，降低学生的记忆难度。然而在以往的英语教学中，为了在规定的时间内完成预期的教学任务，让学生拥有大量的习题训练时间，大部分教师都缺乏精心设计教学内容和教学计划的意识和能力，在这样的教育理念影响下，课堂教学缺乏趣味性和积极情感的引导，学生的学习效果也很难得到增强。对此，为了让学生在充满趣味性和创新性的教学指导下实现有效学习，教师可以对词汇、语句教学内容和形式进行创新，引入诸如象形记忆法、故事记忆法、寓言记忆法、引申义记忆法等趣味性的记忆方法，让学生能够在头脑中构建起形象化的知识记忆体系，从而产生积极的情感体验，以此达到增强学习效果的目的。

（7）组织情感主题活动，深化学生情感共鸣

学生的情感共鸣是增强他们积极情感体验、提升思想品质的必要条件，只有他们与英语教学内容或主题产生共鸣，才能将英语文本内容中包含的主题思想等转化为自身的能力和素养。所以为了引起学生的情感共鸣，促使他们更加充分地调动起自身的情感体验，教师可以组织情感主题活动，带领学生在专题活动中体悟和感知英语内容中的情感元素。然而在现阶段的初中英语教学中，大部分教师执着于完成繁杂的教学任务，试图在英语课堂中大幅度地提升学生的应试成绩，忽视了活动教学在英语课堂中的重要作用。因此，为了促进情感教学与英语教学的有效融合，使学生获得情感共鸣，教师可以组织以情感为主题的英语教学和实践活动，根据英语教学内容中的情感元素设计活动内容，让学生在主题阅读、主题写作、主题演讲等多样化的英语活动中，领会英语教学内容中包含的积极情感、励志精神等，由此实现提升教学有效性的目标。

（8）适当融入竞争机制，深化英语学习情感

初中生已然对竞争有了更加正确的认识，能够科学处理并利用胜负欲，因此，教师可以在初中英语情感教育活动中利用学生的胜负欲，设计具有竞争性的学习活动，引导学生在竞争中学习英语知识。受胜负欲影响，学生更积极地在蕴含竞争要素的学习活动中探究英语知识，不仅能够通过在竞争中的突出表现增强英语学习的自豪感、深化积极学习的情感，而且会因在竞争中输给其他学生而加强自我提升意识，树立起更加积极的学习信念。如此，全面深化学生英语学习情感，增强学生的学习动力，提升教学有效性指日可待。但在具体实践过程中，由于教师没有科学设计竞争活动方案，经常会出现学生感觉竞争不公平等现象，影响学生英语学习情感的深化。为规避此问题，教师应在预设竞争教学方案的基础上，合理设计活动规则，严格监督学生行为。这样竞争学习秩序才能得到保障，情感深化空间才能得到优化，教学有效性才能得以提升。

（9）强化情感教学评价，提升学生综合素质

教学评价是初中英语教学中的一项重要环节，如果教师能够在评价环节中融入情感元素，那么学生不仅能够增长知识、提升英语技能，还能增强学好英语的信心，这对于提升学生的综合素质来说具有重要作用。因此，为了促进初中生的综合能力发展，教师可以强化情感教学评价，突出情感元素在评价中的地位和作用，从而激发情感教学的教育潜能。不过从当前的初中英语教学来看，教师通常会以学生在课堂训练中的成绩和考试成绩作为评价学生的主要依据，不太注重考查学生的心理健康状态、学习态度等情感和思想元素。在这种情况下，学生不能全面认识自身的长处和短处，也就无法提升综合素质和能力。基于以上情况，为了完善英语教学评价模式，教师可以在评价中融入情感元素，在课堂教学、教学结点和学期末等阶段对学生进行全面考查，并将评价结果反馈给学生，从而促使学生发挥优势、弥补不足、提升综合素质。

从以上分析中可以看出，在初中英语教学中应用情感教学的思想和理念是推动英语教学发展、提升学生学习水平的有效途径。因此，在教学的过程中，教师

要准确把握情感教学的内涵和应用方法，将其合理地融入英语课堂教学中，促使学生在教师的积极引导下，树立起强烈的学习信心，以此达到提升英语教学质量和效率的目的。

二、分层教学法在初中英语教学中的应用

1. 分层教学法概述

分层教学法是与素质教育理念相契合的教学方法，因而教师可以以学生的兴趣爱好、个性特点、学习情况等为依据，对学生进行分层，有针对性地开展教学，因材施教，让学生发挥个性，体验英语学习的乐趣，在爱上英语时形成逻辑思维。这种教学方法针对的是那些基础知识或者逻辑思考能力有差异的学生，其中教师起主要引导的作用，然后把每个学生按照其特点分层，制定对应的教学目标，用不同的教学方法进行分层教学，保证学生达到教学要求。这种教学方法可以照顾到不同能力的学生，并将他们联系起来，进行组内交流互动，营造团体学习的良好氛围，使学生主动融入课堂中，激发学习兴趣。其实分层教学和孔子的"因材施教"理念是一致的，为的是实现人的全面发展。但是分层教学也需要注意不能一味追求提高知识能力，还需要多观察了解学生，引导学生个性心理向正确的方向发展。

2. 分层教学法的意义

分层教学法的应用对提高学生的英语学习兴趣和学习质量有很大的作用。它不仅适用于初中，而且适合于各个年龄阶段的学生，优点是可以减少学生的两极分化，提高班级的整体成绩。在现阶段的初中教育中，初中生的心智已经成熟，有着极强的独立性以及非常鲜明的个性，不同的学生在课堂中有着不同的见解和交流方式。这些是导致初中生不愿意完全配合教学活动、不愿意主动回答问题、不愿意增强师生互动提升效率的主要原因。为此，初中英语教师就可以在教学中尝试着应用分组分层教学方式。教师需要对学生的学习情况、兴趣爱好、性格特征和成长背景等要素进行了解，以此为依据对学生进行科学合理的分组分层。面

对不同小组的成员，教师要进行不同的引导，让学生根据已有的知识经验，讨论课程中的重难点，配合教师的教学活动，让教师能在开展教学时提高教学效率。这样就能发挥学生的优势和个性，达到对学生的有效培养。

（1）培养主动学习的意识

分层教学始终坚持以学生为主体、以教师为引导的模式，教师首先根据不同层次的学生制定不同的教学方案，然后从旁指导，把学习的主动权交给学生，这样可以激发学生的学习主动性。分层教学法可以让学生分层次地了解自己的学习能力和基础能力，能合理、客观地制订适合自己的学习计划和目标，然后分阶段学习，这样很容易达成自己的目标，产生学习兴趣，从而吸引学生去发现、创造并提高自己的学习能力。《新课标》更加强调学生在学习英语时的主体地位、自主学习、合作学习等能力的培养。基于此，教师在分组分层教学中，也应该重视和发挥学生的主体地位、合作能力、自主学习能力，在具体的教学中教师要指导学生集思广益，开展合作。通过分组分层合作，小组成员积极地探讨，降低学习难度，从而体现学生的学习主体性，提升教学成效。另外，分层教学法将学生从以前的被动听讲转变成自主思考、独立学习的主动学习模式，这样不仅学习起来更加轻松，而且大大避免了学生因为对重难点分析不足而产生的厌学心理，成绩优异的学生也不至于自满，轻视学习，所以这种方法能最大限度地给学生的学习带来快乐，让他们在愉悦轻松的氛围中完成学习任务。

（2）利于教师的组织调控能力提升

分层教学法还能让教师反思自己以往的被动教学模式，在制定教学方案的同时可以根据每个学生的学习能力制定适合他们的教学模式，不断创新，为学习能力差的学生找到他们的学习目标，对他们起到学习督促和引导作用，这就要求教师在课堂中根据学习情况对每个学生进行了解，然后再为其安排合理的教学方法和内容，这对教师的临场判断和掌控能力也是一个极大的挑战，激励教师不断进步，这样师生全面发展的条件就形成了。

（3）利于英语教学效率提升

初中英语教师通过这种分层教学法针对不同学习水平和能力的学生制订不同的学习计划，这样大大减轻了学生学习的负担，这种快乐的课堂氛围有助于师生之间形成良好的关系，同时还可以提高课堂的教学效率。

3. 分层教学法在课堂中的应用

生本教学理念之下，初中阶段的学校教育以提升学科专业性及教学针对性为关键的教学目标。所以在设计和开展英语课堂教学时，教师可以应用分层递进的教学理念，针对不同学生的英语学习情况设计循序渐进、分层分阶段的教学方案，以逐步实现中学生个人英语能力的强化和提升。

（1）结合学生的情况做好课前准备

在当前的英语课堂教学中，分层递进的教学理念实际上就是以学生为主体设计和开展教学的。将这一模式切实应用在初中英语课堂上，不仅需要教师本身转换教学手段和思路，同时也需要中学生转变学习英语的态度和习惯，从而具备配合完成教学活动的能力。而在这一基础上，教师也需要明确了解学生的情况、需求以及教学目标等基础性的信息，从而便于课堂教学的分层设计。

①了解学生的基本学习情况

对于以学生为基础的分层递进教学模式而言，教师在进行教学设计时首先要了解清楚班级内学生的基本学习情况。其中，不仅包括学生对英语学科的兴趣、态度以及知识积累，还包括学生的学习能力、学习需求以及在听、说、读、看、写方面的难点，深入理解初中英语课堂的整体教学目标以及各个课时的教学目标。只有在综合了解这些方面的信息之后，教师才能够确定知识教学的范围，确定分层递进教学的最低层和最高层。同时也能够基于学生的学习能力等信息来确定课堂教学的分层，进而完成教学方案的设计。这样的课堂教学方案对于学生而言更具针对性，能够使所有学生在课堂学习的过程中都有所收获，也能够充分发挥每一个学生的学习能力，避免出现学生因难度过大而丧失英语学习的兴趣的结果。

在当前的网络环境下，教师要想掌握这些信息，除了可以通过传统的沟通交流、课堂观察等途径之外，还能够借助教学云平台的后台数据分析，或者通过组织针对学生和家长的网络调查问卷等方式实现信息的搜集。教师只有掌握更加全面的信息，才能在进行教学设计时更好地针对学生的学情，尊重学生的特性，进而使分层教学产生更好的教学效果。

②转变学生的英语学习态度

新的教学理念在应用的过程中需要一段时间的实验，这是因为这种教学理念不仅对于教师而言是全新的，对于学生而言也是完全陌生的。尤其是对于完全没有接触过新教学模式的学生而言，需要一段时间才能适应，以便在思想和能力上做好准备。这样才能够实现师生双方的共同配合，便于新教学模式产生更好的教学效果。所以在分层递进教学理念的应用过程中，教师要先做好准备工作，做好教学前的铺垫。一方面，通过课堂上的趣味活动以及情境导入等来增强学生对于英语知识的学习兴趣，提升课堂学习的主动性，转变学生的学习态度；另一方面，借助课堂活动以及前置性学习任务的安排来引导学生养成良好的学习习惯。

（2）基于分层理念创新课堂模式

对于新的教学理念而言，其应用过程中最重要的一个环节在于课堂上的教学活动。这一环节的效果对于教学理念和模式的作用和效果也起着决定性的作用。所以要落实应用分层教学新理念，就要基于这一理念进行课堂教学模式以及教学活动的创新和改革。

①应用翻转课堂模式

从分层递进这一理念和方向来说，要求教师按照知识的难度以及整体学习要求来进行知识内容的划分，将其整合成不同层次的知识，以适应不同能力层次的学生。同时，在整体的教学过程中，通过循序渐进的方式引导学生对知识进行逐层深入的理解和学习。基于这样的理念，教师要想体现分层递进的特点，可以应用翻转课堂的教学模式，将初中阶段的英语教学划分为课前、课中和课后三个阶段。

在课前阶段，教师的目的不仅在于引导学生养成前置性学习习惯，还需要让学生掌握基础知识内容，完成课堂内容的整体学习，以便提高课堂教学的效率。所以在这一阶段，教师需要按照教材中的知识内容以及要求，针对基础知识和能力来设计教学方案和任务，并且利用网络教学平台实现课堂外的学习。同时，教师还可以借助平台的后台数据监督学生学习任务的完成情况，了解学生预习过程中的问题和困难，进而调整课堂教学计划。

在课堂上，教师主要针对学生的问题和困难进行解答，并且对于学习难度较大的语法等知识点进行详细的讲解分析。通过课前的学习，学生不仅能够更高效快速地进入学习状态，而且还能够避免教师在过于简单的知识内容上花费过多时间，利于教师有效利用课堂教学时间，提高学生的学习效率。

在课后阶段，教师主要引导学生进行知识内容的巩固和拓展。从整体上来看，课后的拓展是学生英语学习的最后阶段，针对中学生的综合能力、素质等进行训练和培养。而从单一环节来说，课后的巩固和拓展也是逐步递进的两个环节。知识巩固针对的是所有学生，其内容是已经讲解过的部分，学生需要做的是将知识系统化，便于长期记忆；而拓展则针对的是部分能力较强的学生，使其能够积累更丰富的知识，为其学习能力的进一步提高创造条件。

综合来看，这种以翻转课堂来实现分层递进理念的方式，对学生学习有更强的针对性，更有利于中学生个人英语能力和综合素养的提升。

②开展自主探究教学

对于分层递进理念下的初中英语教学而言，除了翻转课堂这种课堂教学模式外，教师也可以通过小组合作、自主探究的模式来设计和开展教学。相对来说，小组合作、自主探究等教学模式对于中学生的学习能力、自主学习习惯等有更高的要求，也有更强的引导作用。一般来说，这种自主探究式课堂教学主要关注的是课堂教学以及课后拓展这两个环节。其中，课堂上的教学是关键，也是基础，课后拓展则是强化和提升的部分。

在初中英语课堂上应用这一教学模式，教师首先要结合学生的基本学习情况进行科学的小组划分，按照学习能力、学习习惯等将学生划分为不同的学习小组。在进行教学设计时，教师需要按照不同小组学生的英语学习能力来完成知识内容的层次划分，并且按照不同难度阶段安排学习任务。在这一基础上，教师要围绕本节课的知识内容主题来设计完整的课堂教学流程和活动，并且将其体现在课件的框架和任务设计中，通过网络教学设备下发给学生。而学生在课堂上需要通过小组合作讨论的方式完成对知识内容的自主学习，并且综合小组成员的学习能力有选择地完成学习任务。对于英语知识积累较为薄弱、能力不足的学习小组，可以将学习的重点放在基础知识的学习与理解上，完成知识框架的填充、单词、短语、句式等基础性知识的理解记忆等难度较小的学习任务。而对于英语学习能力较强的学习小组，则主要针对阅读材料的细节、语法知识难点等内容进行重点学习和讨论，完成话题讨论、对话创编、阅读材料分析等难度较大的任务。在学生自主学习的过程中，教师不能过多干涉，要充分发挥好自身引导者的作用。而在完成自主学习之后，各个小组需要进行学习成果的展示和分享。按照知识内容从易到难的阶段性顺序，教师可以选择能力不同的小组来进行成果展示与分享。这样，处于基础学习阶段的小组可以借此完成基础知识的巩固学习，而处于能力提升阶段的小组则可以拓展学习思维，积累英语知识，实现自身学习能力的逐步提升。

在课后阶段，教师需要从素质养成和能力强化的目的出发来设计拓展性的练习和综合实践活动。练习可以借助网络教学设备进行，按照学生的个人能力设计不同层次的题目，让学生有选择地完成，而实践活动则仍然需要以小组的形式进行。不过在小组划分上需要尽可能做到能力均衡，然后小组内部成员之间相互分工配合，结合自身的能力各自负责实践活动中的某项任务或者某一个环节。这样既能够体现分层递进的理念，又能够培养学生合作学习的意识和能力，培养并提高中学生的综合素质。

综合来看，这种由课内向课外递进，同时课内课外各自分层次、成体系的自主课堂教学模式是充分发挥分层递进教学优势、实现学生个人能力提升的有效途径。

（3）基于分层理念开展教学评价

教学评价是检验学生学习成果的重要途径之一，在初中英语教学课堂上实施有效的教学评价策略，不仅能够调动学生学习的积极性，还能够提高学生的学习效率，让学生能够根据自己的学习情况适当调整学习方法，从而促进下一阶段学习能力的提升。在分层递进的教学理念之下，教师在开展初中英语课堂评价活动时，也可以设置分层式、阶段性的评价标准，对学生开展个性化的评价。

具体来说，教师在设置课堂评价的标准时，不仅要充分考虑初中阶段英语教学的整体要求，还需要结合课堂教学过程中的分组分层情况，了解学生的英语学习能力。教师在明确学生基础情况的前提下，再根据不同学生的学习能力设置不同的评价标准。例如：对于英语学习能力较弱的学生，教师可以将英语基础知识的掌握情况作为其课堂评价的核心标准，再结合学生在课堂活动、小组活动中的参与积极性及任务完成度等对其进行综合性的评价。在评价的方式上，需要以教师及其他学生的客观评价为主，这样更有利于帮助这部分学生明确自己学习过程中存在的不足。而对于学习能力较强的学生，教师则可以将语法知识的理解应用、口语表达交流能力等作为评价的重要标准，形成更高层次的要求。同时，在评价的形式上，可以以教师引导下的自我评价为主，以其他学生及教师的评价为辅。这样既能够让这部分学生了解自己英语学习中存在的问题，也有利于他们思维能力的完善和发展。这种分层式的课堂评价更有利于不同学生的英语学习情况得到切实的改善。

当前，初中阶段的英语教学是基于提升全体学生英语学习水平而设计开展的，所以教师安排的教学内容应该尽可能全面，兼顾所有学生的学习需求。因此，为了提高初中英语课堂教学的整体效率和效果，教师应积极运用分层递进教学法，针对学生的学习基础和学习能力来划分不同的层次，按照需求设计递进式的教学计划和任务，以逐步强化和提升每个中学生的英语学习能力。

三、情景教学在初中英语中的应用

初中英语教学应做到让学生能对所学知识进行实际运用,《新课标》下的初中英语教学不仅要重视对初中生听、说、读、看、写等基础知识的培养,还应着重强调对初中生实践应用能力的培养。情景教学应用可辅助英语教师将教材中生硬且抽象的知识内容转化为更形象的生活情景,如此对教师活跃课堂氛围、激发学生学习兴趣极为有利,同时运用该教学方式也可帮助初中生开发自身潜能,并让学生在形成良好的学习习惯的同时全方面提高学习能力,由此可见,情景教学是落实素质教育的重要手段之一。

1. 情景教学在初中英语中的应用意义

首先,情景教学的应用有助于英语教师营造课堂氛围,并提高教学实效,对初中生来讲,尽管其在义务教育阶段已有了一定的英语基础,但英语课程的学习对他们来说仍存在较大难度,甚至因学习难度偏高,初中生会对之产生较强的排斥心理,导致该问题形成的本质原因是课堂教学氛围枯燥,教师所选用的教学方法较为单一。为解决此问题,教师需要对原有课堂教学模式进行创新,可通过情景教学切入,围绕教材知识引入真实生活情景,该方式能辅助教师脱离原有教学环境的局限,加强师生互动,重新构建两者关系,如此对锻炼初中生主体能力有极强的针对性;其次,依托情景教学有利于教师激发学生学习英语的动力,不断强化学生的学习意识。情景教学引入能有效转变初中生对英语的学习态度,并促使学生主动参与各项英语学习活动,一旦学生对英语知识产生较强的兴趣,就会将学习主动性充分彰显出来。最后,情景教学有利于教师将知识与实际相结合,该教学模式与传统课堂教学不同,以往教学模式更注重知识的输出,但情景教学所重视的是将知识与应用情景相结合,这一教学方式的应用使英语知识不再仅是以符号形式存在,而是着重突出其实用性。课堂上教师通过与初中生生活经验相融合创造全新语言环境,其中包含地点、时间、人物及场景等具体景象,如此对加强学生的感知极为有利,而学生通过英语课堂中的情感体验及知识运用练习也可为其后续学习奠定基础。

2. 情景教学在初中英语中的应用原则

为保证情景教学质量，英语教师在创设相关英语情景时应时刻谨记其应用原则：

（1）相关性原则

该原则要求教师在进行情景选择时要做到保证该情景创设与学生实际生活联系密切，也要做到以教学目标服务为前提创设相关情景。若教学环节中英语教师无法满足这两大条件，这一教学情景创设则为不合理。当前部分英语教材中所创设的相关情景脱离初中生生活实际，所以教师在课堂讲解时仅依托该类情景则难以激发学生的学习兴趣，并对引导学生连接新旧知识有阻碍，因此，在创设教学情景时教师需着重强调知识与素材的相关性。

（2）可参与性原则

该项原则要求教师在创设教学情景时要对学生可参与度加以考虑，教学情景是否足够有趣不应成为其质量评判的唯一标准，其原因是部分学生喜爱，尽管其趣味性较强，能充分吸引学生的课堂注意，但并不适用课堂教学，所以教师应对情景教学作用有充足认知，切不可顾此失彼。所创设的课堂情景与实际情景在真实度上仍有极大差异，而为有效改善该问题，一方面要求教师在情景创设时应选择参与性较高的相关题材，另一方面则是注意有效引导初中生深入情景。

（3）趣味性原则

在学习兴趣支撑下尽管初中生所遇到的问题较为复杂，他们也能主动进行探索与思考。在传统英语教学中，教师更注重讲解，因此课堂上多是将重要知识内容对学生进行机械性传授，并未对学生主体思维活跃度及实际知识理解情况充分考虑，导致学生在长时间被动学习下求知欲望被极大限制。对于情景教学的运用，教师需注意调动初中生的思维活跃度，时刻突出学生的课堂主体地位，提高学生对英语的理解及应用能力，基于此，在情景教学资源选择上，教师需对初中生兴趣及认知特征深入挖掘，并合理地选择教学资源。

（4）贴近生活及人文环境

《新课标》明确指出初中英语课程具备人文性和工具性两大特征。首先，从工具性角度分析，初中英语应做到培养学生群体英语素养及思维能力发展，即让初中生通过相关教学活动全面掌握英语语言知识，并形成较好的听、说、读、看、写技能，从而进一步促进学生的思维意识与能力拓展；人文性角度所指的是初中英语应积极承担强化学生人文素养的教学任务，即通过该课程的学习丰富学生经历，开阔学生视野，并促使学生产生跨文化交际意识。基于此，教师在选择情景资源时除谨记与实际生活结合外，还应对人文情景选择加以重视。

3. 情景教学在初中英语中的应用策略

（1）转变传统教学观念

面对情景教学应用，当前部分教师并未树立正确的教学理念，并对该教学方式的应用意义和作用的认知也存在一定片面性，从而导致仍有教师在课堂教学中采用传统授课理念和模式实施教学，并未深刻认识到这种单向性灌输的教学方式对初中生素养提升有极大限制。该类教师在开展教学时更注重教学任务与流程的掌控，所以其在讲解相关知识时仅是机械化地复述知识概念与应用方法，反而对学生的行为并未充分关注，以至于部分基础能力较弱的学生根本无法有效理解和掌握该系列知识。这种情况下学生仅是被动跟随教师的思路，没有及时对英语知识进行吸收，长此以往，对学生英语运用能力的提升及发展极为不利。该问题的形成是因为教师忽视学生的主体地位，同时对初中生发展及学习规律也并未精准掌握，从而导致其所创设的英语教学情景作用无法真正体现，教学效率自然也会受到限制。而为改善此教学缺陷，并使情景教学法能在初中英语课堂中真正发挥作用，教师应转变自身教学理念，改变教学策略，对情景教学方式的价值有充分认知，同时也可通过专业理论学习促使教师快速转变传统教学理念，并不断推动情景教学法在实践层面深入落实。鉴于此，教师应积极参与各项教学研究和培训学习，以确保自身能对新时代下的教育理念充分掌控，同时加强学习也有助于教师掌握更多新型教学手段，从而促使教师为英语教学创新增添更多可能性。除此之外，英语教师也应注意与学生加强课堂沟通，以保证对学生发展状况及学情充分掌握，也可根据不同学生能力差异有针对性地制订英语情景创设计划，确保教师所创设的教学情景与初中生的学习及成长需求相符。与此同时，教师也应注意全面发挥初中生的主体作用，突出其主体地位，并在课堂教学中逐渐转变为引导者，从而有效推动初中生自主学习。

（2）营造良好的教学氛围

当前部分教师并未意识到课堂教学氛围对提升学生英语能力的重要性，也未发现学习环境对英语学习质量所造成的直接影响。所以在课堂教学中他们也并未针对教学氛围的营造采取任何举措，从而导致英语课程逐渐呈现初中生无过多参与欲望的情况，该教学情况对学生综合能力的锻炼以及情景教学的推广极为不利。鉴于此，英语教师若将情景教学法导入应用，需要对营造教学氛围的重要性重新了解。首先，教师可在初中英语课堂上选择分组活动形式改善教学氛围，以"This Is My Sister"教学为例，教师可采用问题情景教学方式，在课堂准备阶段，将班级学生划分为多个小组，并为每一组设置相应问题，要求其通过小组合作讨论的方式围绕问题加以分析，讨论结束后，教师可在各组内选出代表要求其回答本组内问题，同时其他小组要对其打分。该教学方式对活跃课堂氛围极为有效，并且创设问题情景对于培养初中生自主学习意识也有一定促进作用。此外，在课堂氛围的营造上教师也可对多媒体设备加以利用，利用多媒体设备播放与英语知识相关的视频或图片，以此加深学生对知识的掌握程度，并促使学生感知英语的魅力，从而更主动地参与英语课堂活动。营造教学氛围和创设英语情景两者相互作用，情景教学应用在辅助教师活跃课堂氛围的同时也为后续应用奠定坚实基础，所以在两者相辅相成作用下，英语课堂教学也可形成良性循环，这对英语课程教学发展有较强的推动作用。

（3）丰富课堂教学情景

从教学角度分析，营造课堂氛围与趣味英语教学两者之间具有异曲同工的效果，两者皆是以学生为主体，围绕初中教材内容实施教学，并以此促使初中生能在轻松的课堂氛围下学习英语知识。而情景教学法的有效应用需要英语教师将教材知识内容与学生生活充分结合，全面调动初中生对英语知识学习的主动性，并使该教学方式在课堂中持续推进。具体实践过程中教师应转变自身角色，拉近与学生的距离，并立足学生角度有针对性地创设英语情景。常见的课堂教学情景如下：

①表演情景，初中英语课程角色扮演属于教学情景创设的基本形式，而该教学方式可使初中生获得较好的学习效果，具体实践环节中，教师应完成基本的英语词汇和句式讲解，应围绕教学主题创设英语情景，随后引导学生自行参与表演、互动和体验，加强知识记忆。以男演员、女演员、导演、表演等单词为例，课堂上教师完成单词教学后，为辅助学生再一次对单词进行巩固，教师可要求学生对各类角色进行分配，并围绕该角色编排相关故事和短剧，同时也要求其实际表演。这一教学方式可使整个课堂更生动，同时对学生口语交际能力也有所锻炼。

②游戏情景，初中生探索意识较强，面对游戏等趣味性较高的教学活动会展示出极强的参与欲望，与此同时，当学生投入游戏情景后，也可将自身特征充分展现，这对教师激发个人潜能十分有利，并且通过游戏也可进一步强化学生对英语句式与单词的掌握程度，有助于提高学生的英语敏感度和创造能力。例如：日常教学中教师可选择多个职业的英语单词，如演员、医生、消防员等，也可选择各种运动类英语单词作为游戏类目，游戏开始前要求学生各选择一个英语单词，不同学生可选择同一单词，同时教师会为该单词设置一个专属动作，游戏时由教师选择性地说出某一单词，而选择该单词的学生则做出同样动作，若有学生做错则被淘汰，并由该学生指出下一个单词。游戏情景方式可帮助学生有效缓解单词记忆压力，这对丰富学生英语知识有重要意义。

③竞赛情景，课堂教学竞赛有助于教师调动初中生的课堂参与积极性，对其潜能激发也极为有效，初中阶段青春期特征明显，此时争强好胜心理尤为突出，鉴于该心理特征，教师可在课堂教学中巧妙设计竞赛环节，在紧张的氛围下，学

生皆能充分投入学习活动中。以小组竞赛为例，教师可率先将比赛题目、奖励办法及规则设定完成，活动开始后，各小组为获取荣誉所有成员必然都会积极参与，若此时有个别组员不主动参与，其他组员也会对他进行提醒。该教学情景的应用能增强师生的情感，同时也在减轻初中生学习负担的同时促使学生合作意识的增强。另外，教师也可设计多样的竞赛形式，如快速问答、单词接龙等，促使初中生能在短时间内提升学习效率。

（4）引入教具和使用肢体动作

课堂教学中若教师仅是单纯地对教材知识进行讲解则会对教学质量提升有极大限制，所以为改善此问题，日常教学中教师可引入教具和使用肢体动作为初中生创造良好的学习环境，并将学生带入教学情景中。以 this、that 的单词教学为例，初中阶段两者区别一直属于教学重点，若教师只是一味地围绕概念性区别重复讲解则极易使学生出现混淆不清等问题，所以此时教师可利用教具进行辅助教学。首先教师可手拿一支笔并表达 "This is a pen."，随后再将笔放置讲台上并指着笔说 "That is a pen."。英语教师通过具体演示可有效帮助初中生理解两者的区别，同时学生对此知识也有更完整的认知。

（5）突出理论与实践相结合

部分教师在情景创设时并未对理论与实践结合的重要性有充分认识，从而导致在落实情景教学时仅将目光局限于课堂教学环节，以至于该教学方式的作用发挥受限。为确保初中英语教学环节中的情景教学优势得到最大限度的发挥，教师应突破情景创设的局限性，积极将初中生带出英语课堂，使学生能通过社会实践掌握更多的英语知识。基于此，在英语教学中，教师应积极鼓励初中生参与各类社会实践活动，或者各学校之间也可合作，协同构建英语实践场所，从而确保英语课程高质量发展。除此之外，生活实践参与属于直观情景教学的一种，该教学方式对强化初中生主观认知、引导其掌握英语知识皆有较强的促进作用。如教师可有计划地组织初中生到外国人较多的场所开展相关活动，鼓励学生尝试与外国人交流，该方式可有效提高学生的口语能力。

综上所述，教师通过合理运用情景教学法，可将传统教学弊端妥善解决，随着情景教学模式愈发丰富，其在英语教学中的实际作用也日渐凸显，所以教师为确保该教学方式能不断创新，应积极转变自身教学理念，了解初中生对英语的学习需求和规律，从而确保教师所创设的教学情景更科学，也可由此将初中生英语学习潜能充分挖掘出来。

四、项目化教学在初中英语教学中的应用

在初中阶段，学生对外界新鲜事物以及对新知识的探索充满兴趣，在课堂学习中，他们更热衷于有趣的学习活动，喜欢生动活泼的课堂氛围，这就要求教师应该从学生的真实情况和需求出发，探索科学合理的教学方式，引导学生在快乐的气氛中对课堂知识产生深刻理解，从而更好地掌握学科技能。为此，项目化教学法值得我们研究和尝试，其具有超越传统教学的优势，且能够以创新的思路推动初中英语教学效果的提升，进而有效培养学生自主学习、自主思考、自主创新的习惯。

1. 项目化教学的内涵

项目化教学是指在教学过程中，从传统的教学方式中脱离出来，将课堂学习的课程知识以"项目"为单位，确立项目内容，并通过合作探究或者小组讨论的方式实施教学，然后一步步引导学生在完成项目任务的过程中学习知识，增长技能。而在项目化教学法实施的过程中，我们应该明确项目化教学的分类，并在课堂教学中选择合理且高效的项目类型，帮助学生树立课堂上的学习目标，为学生创立单独的课堂空间，逐步解决课堂问题，有效鼓励学生自主学习和自主探究。

2. 项目化教学的分类

（1）列举型项目

列举型项目是教学中常用的一种项目类型，主要是通过举例子的方式，让学生对人、事、物等进行分类。具体在课堂实施的时候，教师可能会借助现有的知识点，让学生寻找学习、生活中常见的事物，结合语法知识进行口语交流或课堂

讨论等，从而实现对学生英语语言技能的训练。

（2）信息差项目

信息差项目是指在教学中，教师可以通过信息共享、信息传递等实现知识的传播，即让知识的传播者得到价值体现，也让信息的接收者受益。例如：在英语课堂中，教师会组织学生开展一些口语演绎、文本表演类的活动，这些都可以算是英语教学中的信息差项目。

（3）比较型项目

比较型项目则要求教师在教学中引导学生找出课程知识之间的相同点和不同点。教师借助事物之间的区别，找到并对比它们的规律，从中学习相关的知识，比如可以通过观察不同国家国旗的图案和颜色来判断国家的名字。比较型项目具有一定的游戏性，可以充分调动学生的积极性，培养学生对课堂知识的观察能力，同时也能丰富学生的视野，让学生在学习中涉猎更多的内容，以此提升学习效率。

（4）决定型项目

决定型项目则要求教师组织学生进行一些决定性的学习活动，通过讨论或者协商等做出选择，达成一致的意见和结果。例如：在英语课堂中，教师可以围绕课程主题，让学生选择一个项目进行分组讨论，在讨论过程中，学生们可以自由发表意见，并且互相指出对方的问题，从而实现学生整体水平的提高。决定型任务能够很好地调动课堂气氛，吸引学生主动参与到课堂中，并且为学生创造互相交流、学习的机会，让学生的语言表达能力和思维能力得到有效锻炼，从而提高课堂效率。

（5）解决型项目

解决型项目则要求教师能够根据自己所学的知识和掌握的技能解决学习或者现实生活中遇到的问题。例如：教师鼓励学生利用自己学过的英语知识撰写一则失物招领启事、用英语给家人或朋友写一封信、为动物园或者植物园撰写介绍性的语言，等等。通过实施解决型项目，可以让学生发现学习的价值，借助知识解决实际问题，从而培养学生的应用能力和实践能力，是非常有效的课堂学习项目。

（6）创造型项目

创造型项目则具有一定的探索性和开放性，重在强化学生的实践能力。在创造型项目中，教师围绕课程知识，为学生布置相关的实践类任务，鼓励学生走出课堂、打开思路，组织一场活动或者参与一次团队建设等，并积极参与其中，尽自己所能发挥特长。例如：教师可以让学生围绕课程知识的话题，为学生布置一些手工制作的海报，或者做一些话题宣传类的演讲等，培养学生的表达和动手能力。同时，教师还可以组织学生开展小组合作活动，让学生充分发挥想象力和创造力，完成课堂任务，从而加深学生对英语知识的理解和掌握，提升英语教学效率。

3. 项目化教学在初中英语教学中的实施意义

（1）改变传统的教学观念

在传统的学习方式中，由于受到课堂环境以及学科特点的限制，大多数教师沿袭应试教育的教学方式，学生大多数处于被动的学习状态中，而初中阶段的学生由于正处于青春期，在学习中容易受到外界的影响，对教师传统的教学方式容易失去兴趣，因此，采用项目化学习方式就非常有必要。在项目化学习法中，教师巧妙地将学习内容以活动项目或者课堂任务的形式展示出来，并通过合作探究或者小组讨论的过程进行教学实施。这就让学生的学习过程处于一个任务情境中，学生一边完成任务，一边学习知识，可以说改变了传统的教学观念，让教学发展更生动，也更有意思，有效鼓励学生自主学习和自主探究，从而让课堂学习自然发生。

（2）调动学生的学习兴趣

在项目化学习实施的时候，课堂形式将会变得非常丰富，如以"一个任务"为课堂导向，引导学生阅读教材上的课文；以"一个问题"为导向，引发学生之间进行讨论；以"一个课堂活动"为导向，鼓励学生积极参与，表现自己。这些都可以作为项目化教学法的课堂表现，以丰富多彩的形式营造出活泼积极的课堂氛围，同时也让学生更加投入地参与到学习中。另外，在项目化学习中，教师将课堂更加系统化和完整化地呈现出来，并且教学过程更具趣味性，也能够很好地吸引学生的兴趣，从而实现高效学习。

（3）提高学生的交际能力

在项目化学习中，学生不再采用原来沉闷安静的学习方式，教师利用项目化教学方式推动课堂气氛更加活跃，师生之间的关系和角色会发生很大的转变，教师的角色将转变为统领者，主要控制课堂大局，为学生设定课堂计划，安排好课堂角色和任务，使学生真正地参与课堂中。这样师生之间的互动性会大大增强，学生会在教师的鼓励和指导下积极表现，学生之间也会互相讨论、交流，构建良性的学习伙伴关系，从而建立和谐融洽的师生关系和生生关系，提高学生的交际能力。

4. 项目化教学在初中英语教学中的运用策略

（1）项目导入，明确学习目标

初中英语教学重在培养学生的语言技巧和应用能力，是小学和高中英语知识的连接点，对学生语言水平的提升起到非常关键的作用。在课程教学中，我们要注重培养学生的语言素养，挖掘学生的语言潜能，从而让学生在英语学习中感受自身的价值。在项目化教学法的应用中，我们首先可以从课堂的导入出发，根据课程内容以及上述提到的项目化教学法的类型，选择科学且有效的项目内容，激发学生的学习兴趣，同时也让学生明确学习目标。为此，教师需要从以下两个方面来考虑，一是选择的项目内容要和课程知识有关，能够合理地完成导入过程；二是规划的项目主题应该具有足够的吸引力，并能够启发学生灵感，让学生产生一定的期待值，从而促进课堂教学效率的提升。

（2）项目教学，突出学生主体

项目教学则是确定了学习目标后的环节，在此阶段，学生可以根据课程内容另起项目主题，也可以沿用课程导入时的项目主题，继续借助课程内容进行深入探究。在此过程中，教师应该以学生为主体，深入学生的兴趣范围，主动承担主导的角色，让学生在完成项目任务的时候自由选择、自由发挥，从而培养学生学习的自主能力和合作能力，当学生在学习中遇到困难的时候，教师可以予以鼓励，但是不能直接告诉学生问题的解决方式，对于一些基础差的学生，教师可以设置难度小一点的任务。另外，在项目开始前，教师也应该设计合理的量表，明确学生完成项目的内容、标准、时间节点以及提交方式，甚至是教师给出反馈和评价的时间等。量表做得越详细，项目才能进展得越顺利，同时也更能凸显出学生的主体性。

（3）项目实践，丰富学生体验

在项目教学法的实施过程中，教师还可以根据课堂需求，组织学生开展一些课堂实践，用以鼓励学生完成项目任务。这就要求任务的设置不能远离教材，应该围绕教材和学生的兴趣，确立合理的实践目标，然后引导学生逐步完成项目任务，让学生产生共鸣，提高参与热情。同时，在项目实践的过程中，教师应该主动和学生进行沟通，了解学生的表现以及项目实践中出现的问题，及时指正，确保学生能够按照项目流程完整地参与项目过程，从而丰富学生的体验，保证项目教学法的有效实施。

（4）项目反馈，提升课堂价值

在项目化教学过程中，教师需要重视项目反馈，因为反馈的信息不仅可以体现出学生的项目进度、完成任务的质量，同时也验证了教师的教学目的是否合理、项目安排是否得当以及项目内容是否满足学生的需求，从而给教学改革提供可参考的意见。尤其在英语学习中，学生的学习任务包括大量的词汇、语法等细碎的知识点，但是教师不能确保照顾到每位学生的学习过程，所以通过项目反馈，教师能看到大多数学生出现的共性问题，然后予以指导，从而让课堂教学更加高效。在反馈中，教师也要结合学生的真实表现予以理性的评价，让学生能够发现自身存在的问题，及时更正，同时也通过学生的表现反思课堂教学，从而使师生双方共同进步，提升学科的教学价值。

（5）项目延伸，推进学生进步

项目延伸也是项目教学法中非常值得教师研究的一个环节，因为课堂延伸的过程就是对知识的延伸，能够让学生发现课程知识的多面性，激发学生的学习欲望。同时，项目的延伸可以很好地锻炼学生的实践应用能力，能够让学生将课堂知识延伸到课堂外或者生活中，并从中得到启发，实现对课程知识的深度理解和掌握。为此，教师在布置作业的时候，可以将作业部分设立为单独的项目，给学生布置一个课下任务，然后明确任务的目标、完成的步骤和标准，让学生做到心中有数，从而鼓励学生课后积极学习、用心实践，推进学生的进步。

综上所述，在初中英语教学中，应用项目化教学法可以很好地锻炼学生的各项能力，作为新时代的教师，我们要明确认识各种项目化教学的类型，认识到项目化教学对教学发展的意义，积极改变传统的教学观念，挖掘学科特点和优势，调动学生的学习兴趣，提高学生的交际能力。在实际的项目化教学落实中，我们可以用项目导入，明确学习目标；开展项目教学，突出学生的主体地位；运用项目实践，丰富学生的学习体验；开展项目反馈，提升课堂价值；做好项目延伸，助力学生进步，从而进一步推进学生核心素养的提升。

五、微课在初中英语教学中的应用

英语教学课程作为初中生学习过程中的重点科目，教学方法以及教学模式要与时俱进，进行优化和完善。在我国人民综合素质不断提升的同时，对教育事业以及教学质量也提出了更高的要求。为此，教师在日常教育教学的过程中，在逐步丰富学生英语专业知识的同时，还应让学生的核心素养得到全面提高，使学生能够实现全方面发展。目前，微课作为现代教育教学当中较为新颖的一种教学手段，受到了众多教育工作者的喜爱。

在以微课为主要形式的初中英语课程讲解过程中，课程教学内容的全过程会通过视频记录的方式发表和上传。从微课的教学形式角度出发，采用微课作为主要教学模式，学生也要保持良好的自主学习态度，与教师相互配合，共同进步。

其次，以微课的形式开展课堂教学活动，能够有效丰富学生的学习内容，让学生接触到不同形式的学习方法，也能够有效集中学生的注意力，让他们全身心地投入到学习过程当中。相比传统课堂教学模式，微课教学能够让教学过程更加开放，学生在学习期间也能够发挥出自身的主观能动性，开拓自身思维，提升学习效率。但是目前，微课教学模式发展时间较短，其实际应用期间还会暴露出多种不足和缺陷，需要相关教育工作者采取有效措施对其不断完善和创新。

1. 微课在初中英语教学中的应用策略

（1）制作完善的微课课程，拓宽学生的视野

一直以来，我国的课堂教育教学模式都在沿用传统的应试教学思维，而初中阶段的英语教学工作，关乎学生的整个学习生涯。因此，大多数教师过于注重学生的学习成绩，所采用的各类教学手段，也大都是以提升学生成绩为目的而设计的。该教学理念虽然能够为学生传授初中英语的各类基础知识，让学生成绩能够短暂提升，但是学生的综合能力没有进步，也无法开阔自己的视野和思维。针对初中英语课程开展微课教学，能够让学生更加快速地接受各类新鲜事物和新型知识，从而对技术能够更加透彻地了解和认知，也能够让学生在持续学习的过程中了解世界各国的风土人情，使他们的学习过程更具趣味性。

（2）在微课制作的过程中突出教学重点

相比传统的教育教学模式，采用微课进行中学英语课程教育，能够让教学内容更加丰富，教学形式也能更加多样化。为此，可适当地为教学内容添加部分辅助材料，例如较为新奇的视频、音频、图片等内容。基于传统教学模式进行数字化更新以及信息化完善，能够让中学英语课堂教学工作逐步实现智能化发展。但任何新鲜事物都会呈现双面性，一味地追求教学内容以及教学模式创新，会导致学生的注意力被新兴科技所吸引，从而忽视专业知识内容的学习，无法真正地理解教师的教学目的。因此，在微课视频内容制作的过程中，教育工作者要选择较为恰当的视频内容，充分明确教学目标，并在教学目标的基础上开展各方面内容的编制工作，使教学内容更加突出，促使学生能够在积极热情的学习状态下，掌

握相应的知识内容。

（3）根据学生的学习需求选择视频内容

在学生的整个学习生涯中，初中知识的学习往往是极为重要的，它对小学知识进行了全面的总结，同时也为高中更为复杂的知识学习奠定了良好基础。首先，学生的学习时间往往是极为紧凑的。为了提升学生的学习效率以及专注度，在视频制作期间，要选取较为精简的教学内容，知识内容也要易于理解，尤其是视频时间要控制在 5~10 分钟，最长不可超过 20 分钟。其次，在进行日常教学的过程中，要尽最大可能为学生节约学习时间。所以教师在讲授部分知识的过程中会采取压缩的方式和手段，必要时会占据学生的部分课余时间，这就会导致学生产生逆反心理，对学习失去兴趣。再次，为了提升课堂知识讲解的整体效率，在微课视频内容制作过程中要注重难点以及要点的讲解工作，提高学生英语知识内容学习的质量水平和整体效率，让学生更好地掌握知识重点和知识要点。最后，要设身处地地针对学生的心理年龄进行规划，让学生能够全面地投入学习中，提高学生的学习质量。

（4）加强师生间的沟通与交流

切实满足学生的各方面学习需求，最大程度发挥微课教学模式的作用和价值，才能提高教学效果。针对微课教学课程内容的编制和规划，要进行积极的交流和探讨，吸收国内外较为丰富的知识内容，采用优秀的教学方法，同时对学生的学习进度也要充分把控，日常课堂讲解的过程中主动和学生进行互动，掌握学生对微课课程教育模式的适应程度，从综合技术能力的角度转变传统的教学思维，只有从根本上对传统教学模式进行改革，才能让现有的教学模式更加匹配现代学生的思想潮流。教师要与学生进行情感交流，和学生建立良好的师生关系，让学生配合教学活动，提升微课教学模式的适用性。

2. 微课在初中英语教学设计中的应用策略分析

（1）积极利用情境教学法开展微课教学

相比小学阶段的英语教学，初中英语教学工作更具挑战性，涉猎知识面更宽，要结合所有学生的切实学习效果，规划出一套更加科学、更加高效的教学策略和教学方法，完善初中英语微课课件的制作过程和制作内容。在初中英语微课课件制作开展之前，教师要全面了解学生的基础水平以及学习能力，以此为基准开展初中英语课件的制作，鼓励学生对初中所学知识保持良好的学习自信心，进行发散思维，不要固有地局限在某一种学习方法上，发挥自身的想象力。例如：教师可将课堂学习内容和实际生活实际联系起来，让学生在感悟生活的过程中了解英语知识学习内容当中的语境和语感，逐渐发现英语知识学习和日常生活的关联，增加对初中英语知识的学习热情。另外，采用情景教学法，能够让课堂氛围更加活跃，学生也能积极主动地投入课堂知识学习中，他们能够在较为熟悉的环境中对问题和知识进行思考和吸取，对整个知识内容的理解过程也会更加高效。

（2）将英语本土文化元素融入英语教学中

为了提高学生的英语学习成绩，要采用恰当的方式和办法，促使学生能够逐步养成完善的英语学习核心思维。在初中英语课程教学的过程中，学生必须保持良好的学习兴趣，能够积极地投身到英语课程学习中去。通过对学生开展英语知识内容的本土文化熏陶，能够让学生了解英语知识的历史和传承，体会到英语知识内容的美感以及文化内涵，充分理解英语知识学习的相应意义，逐步培养出正确的英语知识学习思维。英语知识内容的讲解工作，受多种因素的影响，讲解过程和表达方式会存在一定的区别。因此，教师可以此为课堂教育过程的调动元素，使课堂教学内容更加丰富，学生也能在领悟英语本土文化的过程中，逐步养成英语学习的核心思维，使英语学习工作事半功倍。

（3）利用微课教学增加趣味性

当今社会人才竞争压力不断增大，很多初中生在学习中一直处于精神紧绷的状态。长此以往便会使学生的心理出现巨大负担，打击他们的学习积极性，让他们在长期高强度的学习过程中丧失英语知识学习的兴趣，甚至产生厌烦情绪。教师要采取有效的策略缓解学生的学习压力，提升学生的英语知识学习兴趣。在日常教学过程中，需要在微课教学中不断融入趣味性内容。在微课课堂知识讲解过程中，教师可结合当下的时事或者潮流新闻内容，在仅有的英语课堂内容之上进行扩展，让学生在听各类热点新闻的同时加深对该部分英语知识学习的印象，强化记忆能力。在基础知识内容的基础上，对现有的英语知识内容进行扩展，使学生能够了解到英语知识内容的各方面信息。同时，要采取有效措施缓解学生的自身压力，让学生保持轻松的态度应对初中课堂知识的学习。另外，初中英语知识内容学习元素的不断扩充，能够排解学生的日常困惑，使学生专心致志地投入英语学习中。例如：教师可利用课外时间带领学生观看各类英文电影，让学生在不断提高英语口语和听力能力的同时，缓解学习压力，体验英语学习的快乐。

（4）敢于突破教材的束缚，积极拓展学习范围

在当前的初中英语教育教学模式下，仍旧采用教材知识内容讲解的方式，已经无法满足当前教学工作的各类需求，学生的课堂知识学习也达不到理想的效果。为此，在日常微课课程教学的过程中，要丰富教学知识内容，使不同层次、不同水平的学生都能充分理解课堂内容。另外，随着时代的不断发展，英语知识内容也会出现一定的变化和创新，所以要紧跟当前时代潮流，提升学生的知识内容积累能力，使学生能根据英语知识学习发挥想象空间。教师要为每位学生制订相匹配的学习计划，为其梳理较为系统的知识架构，让学生的英语学习方式和学习策略更加科学。结合学生的实际情况以及基础水准，通过微课的有效实施，让学生能够参与到更加高效的教学实践活动中。

进入 21 世纪以来，信息技术得到了全面的发展和广泛的应用，各类新兴科学技术也在不断地完善和创新。英语教育教学事业作为人才储备战略方针中的重要部分，需要结合当下先进的教学思想，适应时代发展的潮流，借助各类现代化技术手段，让教学方案和教学模式得到全面的改进。通过更加方便快捷的工具，制作出知识内容丰富的微课视频，满足学生的学习需求，提升学生的学习效率，让学生积极主动地投身到初中英语知识的学习中，促进我国英语教育教学事业不断发展和进步。

六、以读促写在初中英语教学中的应用

在英语学习过程中，学生的读写能力发展是相辅相成的。以读促写，可以在英语阅读教学中插入写作教学的元素，使阅读成为写作的来源和基础；以写促读，利用写作带动学生进一步开展阅读活动，可以使写作成为阅读的动力。

1. 重视发展英语读写能力，培养学生的英语读写习惯

在初中英语教学中开展以读促写的教学模式，其首要任务就是教师教学理念的转变。只有教师重视读写教学，在教学过程中将读写教学作为重要的教学内容，为读写教学投入更多的教学精力，创造更多的教学途径，才能保障以读促写教学的实际教学效果。在此基础上，教师要注重培养学生基于读写教学的学习习惯，从而使读写教学渗透到英语教学的各个环节。对于培养学生的英语读写习惯，笔者是从以下几个方面着手的：首先，从激发学生的读写兴趣入手，每天的英语课前几分钟，让学生为大家展示一段英语的格言、谚语或者富有哲理的句子，学生为了在活动中展示独特的内容，之前会去网络上搜集或者利用英语学习软件自学，当发现了自己喜欢的内容之后，还会努力将之读熟，甚至背诵下来。久而久之，搜索英语格言成了学生学习生活的一部分，而在这一过程中，学生也积攒了更多英语写作的素材。其次，笔者还要求学生每天写英语日记，除了记录每天的时间、天气、自己搜集到的格言之外，还要求学生写一写身边发生的事情，或者结合当天所学的单词、句型，仿写几句话。这种潜移默化的习惯养成，在不知不觉中拓展了学生的学习空间，提高了学生的学习能力。

2. 通过阅读教学增强语感，保障写作效果

英语作为一门非母语的语言系统，在表达习惯以及语法现象方面与汉语有很多不同，这些不同之处也正是英语写作教学的一大难点。很多初中英语教师为学生规定英语写作的模板，让学生记忆模板内容，再将其用于考试中。在教学中，教师可以通过引导学生进行广泛而有针对性的阅读，增强学生的英语语感，从而保证学生在写作时尽可能少犯语法以及遣词造句方面的错误。例如：在教授

"How do you get to school?"这一单元时，笔者在引导学生反复阅读课文的同时，让学生明确了本单元表达去哪里、做某事的句型写作方式，着重分析了 stop to do sth. 和 stop doing sth. 的区别。在此基础上，笔者又为学生安排了针对这些句型的专项写作练习。通过在阅读中体验句型的使用特点，学生明确了句型的用法，在写作过程中，表达就更加顺畅了。

3. 结合阅读教学积累素材，丰富英语写作内容

对于初中生来说，他们平时的写作话题大多来源于教材。一个单元的教学结束之后，教师会安排与本单元内容相关的写作训练。对此，学生能做的，往往是照搬教材上的原话，或者只是将里面的人称、地点换一下。这种机械式的写作缺乏自主创作的空间，很难调动学生的写作热情。因此，教师可以引导学生利用阅读积累更多的写作素材，指导学生在此基础上写出更有创意的英语小作文。笔者会在开展单元教学的同时，为学生补充更多与教学内容相关的阅读材料或视频资料。例如：在教授"Can you play the guitar?"这一单元之后，笔者为学生补充了几段阅读教材，主要是对各种乐器的介绍。同时与学生一同观看了英文版电影《音乐之声》，使学生对英语语境中的乐器名称以及与音乐相关的故事有更多的了解。在此基础上，笔者还要求学生自己写一写他们和某种乐器之间的故事。由于素材丰富了，学生的写作内容自然就有了新意。

总之，以读促写的教学方式可以有效地提升初中生的英语核心素养，提高学生学习英语的积极性和主动性。因此，在日常的初中英语教学实践中，教师应当重视这种教学方式的应用，以保证其发挥重要作用。

七、思维导图在初中英语教学中的应用

1. 初中英语教学中思维导图的应用意义

思维导图是一种结合大脑放射性特点形成的可视性思维工具，将思想图形化处理，知识结构图形化转变，基于图画、色彩和代码等形式加强记忆。思维导图是一种新式教育方式，有助于锻炼人的记忆力和创造力，加深知识理解和记忆，

提升学习效率。在初中英语教学中应用思维导图，意义较为深远。其一，有助于学生理解和记忆知识，更容易被学生接受。究其根本，是由于初中生认知水平和学习能力不高，容易陷入思维困境，过分关注英语单词和短语的学习，导致忽视整篇文章，或是在学习中，能够顺畅背诵全文，但是忽视了细枝末节。这两种状态在一定程度影响了学生的学习效果，教师应注意引导，避免学生陷入两极分化的尴尬境地，基于思维导图完善知识结构，提升学习效率。其二，教学内容更适合思维导图。初中英语内容难度一般，多数是小短文，更容易被学生接受。初中英语阅读，主要内容是多个意群建构文章，采用思维导图可以更容易串联意群，促进学生更好地学习英语知识。

2. 初中英语教学中思维导图的应用途径

（1）辅助学生积累和学习词汇

为了构建高效的英语课堂，应提升对思维导图的认知和重视程度，充分发挥思维导图的优势，辅助教学。在英语单词学习和积累方面，思维导图可以代替传统的死记硬背的方式，提升英语单词的记忆效果。使用思维导图可以帮助学生记忆和理解单词，要充分契合实际需要设计思维导图，丰富学生的英语单词储备量，加深对英语单词的记忆理解。使用思维导图可以帮助学生分类归纳、更加条理有序记忆词汇，同时扩大学生的英语词汇储备量。例如：讲解"This is my sister."这一单元内容时，教师可以让学生将家庭关系梳理清楚，用英语表述出来，包括爷爷、奶奶、姥姥、姥爷、爸爸、妈妈、舅舅、姑姑等，通过此种方式整理思维，加深学生对单词的记忆，这对英语知识的学习具有促进作用。

（2）锻炼学生的英语阅读能力

在学习和积累英语词汇后，应充分发挥教师的引导作用，在阅读教学中提升学生的阅读能力。通常情况下，学生英语阅读效果较差是受英语单词和短语影响的，在阅读教学中教师应注意引导学生精读文章，但是缺少语境支撑，学生在理解阅读素材时往往会对阅读素材内容理解不充分。例如：教师在讲解"Hollywood's All-Time Best—Audrey Hepburn"相关内容时，可借助思维导图梳理文章逻辑结构，并介绍奥黛丽·赫本，使用思维导图将文章重要单词、短语，如 loss、dream 和 lead role 等呈现出来，引导学生理解英语知识。学生在明确具体单词或短语含义的基础上，通过小组合作方式理解阅读材料。思维导图将模块化信息转化为学生容易理解、吸收的材料，提升了学生的学习效率，帮助他们提升了核心素养。

（3）锻炼学生的写作技能

学生在写作时，由于词汇储备量不足，不知从何切入，缺少合理的框架，甚至出现写作跑题情况，这极大地阻碍了学生的写作能力发展。教师在写作教学中，利用思维导图使学生更为直观地了解写作框架，整合所学知识，在学习过程中充分锻炼学生的写作技能。例如：讲解"My favorite subject is science."这一单元内容时，结合教学内容布置任务，讲述自己在初中喜欢哪一科目，并清楚讲述缘由。教师可以列举一篇例文，绘制思维导图，引导学生思考和分析，在此基础上让学生进行写作，促使学生的写作技能力提升。与此同时，借助思维导图可以实现合作学习，在开放性问题的引导下，鼓励学生相互合作、相互促进，帮助学生构建思维导图，并反馈学生理解难度较大的问题，共同思考和分析，帮助学生解决问题，高效吸收和理解知识。长此以往，有助于学生养成良好的学习习惯，充分发挥思维导图效应，将复杂知识精简化，促进学生学习。综上所述，面对新时期教育改革要求，初中英语教学发生了翻天覆地的变化，运用思维导图，整合教育资源，促使学生保持学习兴趣。结合教学内容合理运用思维导图，在扩大学生英语单词储备的同时，促进其英语阅读能力和学习能力的发展。

八、反思性教学在初中英语教学中的应用

反思性教学是教师专业素养的一项基本要求。它对教师的教育教学能力、教育教学水平和专业发展都有一定的促进作用。初中英语教师要了解反思性教学的重要性。

1. 什么是反思性教学？

20 世纪 90 年代，华东师范大学教育学者熊川武在《反思性教学》一书中这样定义反思性教学："教学主体借助行动研究不断探究与解决自身和教学目的以及教学工具等方面的问题，将'学会教学'与'学会学习'统一起来，努力提升教学实践合理性，使自己成为学者型教师的过程。"这为我国反思性教学的开展奠定了良好的基础。而在初中英语教学中，反思性教学虽然也得到了一定程度的认可，但是它的应用还不是很广泛，关于这方面的深入研究和探讨也不多。

2. 为什么要反思？

目前，在初中英语教学中，教师有以下问题必须面对，而且必须解决：第一，学生的学习兴趣不高，没有主动性，绝大多数学生学英语只是为了应付升学考试，而非真正喜爱这门语言。第二，许多学生的学习效果不佳，他们的英语学习只停留在应付各种考试中，导致学习成绩不理想，更谈不上用英语交流。究其原因，一方面是学生学习英语的方法不对，只注重背单词、短语和课文，缺乏实际运用，另一方面，教师的教学水平、教学能力和专业素质有待提升。综上所述，初中英语教师要经常对自己的教学进行自我评价和自我反思，改进自己的教学，力求做到自我革新、自我提高、自我完善。反思性教学可以帮助教师提高教学水平，提升专业素养。因此，反思性教学带给教师的帮助是多方面的。初中英语教师应该在教学中及时做好教学反思，只有这样，才能提高自身的专业素质和教学能力，才能符合新时期的教师要求，才能立足于教师行业。

3. 反思什么？

（1）反思自己对重难点的突破能力

这点对青年教师更为重要，许多新教师一节课下来，讲得满头大汗，学生却听得云里雾里，原因很简单，因为他们抓不住重难点，主次不分。

（2）反思自己对课堂的驾驭能力

有次听公开课，一位教师在利用多媒体上课时，课上到一半，突然停电了，该教师当时不知所措，这就说明他的课堂驾驭能力有待提高，对突发事件不能自如处理。

（3）反思一堂课的课堂效果

在有些课堂上，教师总爱提问能力突出的学生，因为他们反应快，思路清晰，回答流利，更重要的是，不拖延上课时间，但越是这样越体现不出课堂效果。所以教师要多提问基础薄弱的学生，多和他们交流，才能更好地反思教学效果。

（4）课堂上学生出现的状况等

经常听到教师抱怨学生不认真听课、上课睡觉等情况，教师是否对此采取过一些积极措施？在课程改革推行的今天，许多教师仍然换汤不换药，采用传统守旧的教学法，不能很好地使用网络、多媒体等现代教学手段，学生的积极性不能被调动，久而久之便产生了厌学情绪。

教师是否对自己的教学方式进行过反思？当然，反思传统的教学方法并不是要丢弃和否认传统的英语教学法，而是要求教师在反思的过程中去其糟粕，取其精华，把传统教学方法中的优点与现行的教育理念、教育模式有机地结合起来。

4. 如何反思？

教师要敢于尝试新生事物，包括尝试改变自己的教学方法和教学策略，不要一成不变，要逐渐形成自己的教学风格。大部分教师觉得初中教师只给学生传播书本知识就够了，上完教材知识就完成任务了，只有很少的教师会把自己的工作和教研相结合去反思、去总结、去不断地改进。殊不知，任何学科都要求教师对日常工作情况进行反思、总结、归纳，把得到的教学经验逐步提炼，最后升华成理论知识并指导实践。

（1）课程改革要求教师要转变自己在课堂中的角色，调整好师生关系

在反思性教学中，教师反思的首要问题就是，是否转变了自己的角色，在课堂中是否真的体现了以教师为主导、以学生为主体的新观念，是否真把课堂归还给了学生，还是仍然坚持"一言堂"，在课堂上是以自我为中心还是充分尊重每个学生的个体差异？初中阶段的学生身心特点较为复杂，教师应该多鼓励学生，

努力培养学生的学习积极性。

（2）及时整理教学日志

作为教师，要养成良好的习惯，把日常教学中的所思、所想、所感随时写下来。教学日志是指教师将自己教育教学中甚至教学理念中随时出现的、记忆最深刻的事件(包括问题、经验、体会)等进行总结和分析，并记录下来。通过对平时教学的反思，总结自己的不足和亮点，撰写自己的教学心得和体会，以便不断完善和提高自己的教学水平。

（3）教师在反思性教学过程中，也要进行反思

任何一种新生事物都存在优点及缺点。反思性教学也一样，既有优点也有不足，有待我们不断地去完善和改进。教师应该用良好的价值观来指导自己的教学，良好的文化氛围和制度环境是有效实施反思性教学的重要保证。教师对任何一种新生事物，包括教学理念、教学方式方法等，都应该以一分为二的眼光去看待，不能一味地追求新理念。

初中是英语学习的关键阶段，作为学生学习的引路人，教师应该积极主动地采用反思性教学，提高自己的教学能力，提升专业素质。

第五章 初中英语学习评价研究

第一节 初中英语学习评价概述

长期以来，国内外专家、学者和一线教学工作者在教育、教学和课程评价方面做了广泛、深入的研究，学习评价作为其中的一个重要组成部分也受到了普遍的关注。在我国学校教育中，如何科学地评价中学生的英语学习成了我国教育理论界研究的热点。语言学习自身的特点决定了它与其他学科在学习策略上有所不同，这就要求教师对中学生英语学习的评价也要有其独特性。

《新课标》要求对学生英语学习的评价应有益于学生认识自我、树立自信、培养合作精神；应有助于学生反思和调控自己的学习过程；应关注学生综合语言运用能力的发展过程以及学习的效果。而且随着社会的不断发展，人的自我意识增强了，在学生英语学习的过程中，怎样使评价发挥诊断、导向、激励和促进发展的功能是一个永恒的话题，值得教育、教学和教科研工作者不断探索和研究。

在我国现行教育和考试制度下，如何使学生英语学习过程的评价和学习结果的评价达到和谐统一，促进学生综合语言运用能力的提高是教师必须面对和亟待解决的问题。正是在这种背景下，笔者开始了对初中生英语学习评价的研究，研究的主要依据包括以下几点：

第一，自 20 世纪 80 年代以来，随着教育改革的进一步深入，教育评价已成为教育研究一个令人瞩目的领域，人们在不同层面上对教育评价进行研究。由于教学是学校教育最基本的途径，在整个学校教育中居中心地位，因此，有时人们用"教学评价"一词替代教育评价。但显然两者在概念的内涵和外延上是有所区别的，教育评价是上位概念，除了对教学工作评价外，还要对学校管理、德育、学生思想工作等方面做更广泛而综合的评价。教学评价仅是对学校教学工作的评价，包括对教师教和学生学的评价，具体表现为对课堂教学的评价、对教学方法的评价、对学生学业成绩的评价、对教学管理的评价等。但学生是学习的主体，在如何科学、客观地评价学生的学习过程和学习结果等方面还处在讨论和研究阶段。

由于国外的考试制度与我国不同，在综合评价学生外语学习的过程和结果方面的矛盾并不突出，所以国外的理论界研究得较多的是教育评价、教学评价和课程评价，强调评价对教育教学的反馈作用，尽管对学生学习的评价包含其中，但突出以学生学习为评价中心的研究并不多。

第二，在我国，英语是作为一门外语来学习的，不同的学生英语学习的目的和动机都有所不同。这就直接影响到他们对英语学习的情感态度；语言学习策略具有学科的独特性，它只能运用于语言学习；每个学生都有其独特的个性特征，这些都会影响他们英语学习的过程和结果。由于英语学习与其他学科的学习有着显著的区别，这就要求评价学生英语学习的评价体系要具有自己的学科特点。

第三，在我国，学校在评价学生学习的方法论上，一直存在两种不同的体系：一种是实证评价体系，另一种是人文评价体系。与此对应也存在两种不同的运作模式：一种为"指标—量化"模式，另一种为"观察—理想"模式。两种体系和模式各有优势，也存在着各自的局限性。长期以来，我国对学生学习评价的研究比较薄弱，没有建立起通过评价支持基础教育改革和促进学生发展的有效评价机制。所以在我国目前的教育体制下，探索一条科学可行的评价学生英语学习的新路径是十分必要的。

第四，《新课标》指出评价是英语课程的重要组成部分。英语的课程评价应根据《新课标》的目标和要求，实施对教学全过程和结果的有效控制。评价应有益于学生认识自我，树立自信，应有益于学生反思和调控自己的学习过程，从而促进语言能力的不断发展。通过评价，使学生在英语课堂的学习过程中不断体验进步与成功，认识自己，促进学生综合语言运用能力的全面发展。英语课程的评价体系要体现评价主体的多元化和评价形式的多样化。评价应关注学生综合语言运用能力的发展过程以及学习的结果，采用形成性评价和终结性评价相结合的方式，既关注结果，又关注过程，使对学习过程和学习结果的评价达到和谐统一。《新课标》就如何评价学生的英语学习活动提出了明确的要求和指导性建议。

第五，形成性评价侧重对学生英语学习过程的评价，强调通过评价促进学生的全面发展，它的优点和作用不言而喻。在人们高度赞扬并积极实施形成性评价的同时，我们也不能因此否定终结性评价的作用。形成性评价不等于只要过程评价，而不要结果评价。如果说形成性评价对学生的整个学习过程起到了良好的监控和调节作用，那么终结性评价又何尝不是某一段学习过程后良好的终端显示呢？

综上所述，将形成性评价和终结性评价相结合的综合评价方式既关注了对学生英语学习过程和结果的评价，也关注了对学生英语学习过程中的情感态度、自信心、自我调控能力以及合作精神等非智力因素的评价。综合评价初中生英语学习的方式是促进学生全面发展的要求，也是目前我国评价的现实和社会的要求。

现行的英语课堂教学评价确实存在一些问题，主要表现在以下几个方面：

第一，评价功能失调，过分强调甄别和选拔功能，忽视对学生学习情况的反馈以及对学生的鼓励等功能。教师和学生对教学评价的关注点都集中在分数、名次上，而评价中反映出来的真实情况往往被忽视。

第二，评价的重心仍过分关注活动结果（如学生的学习成绩），而忽视被评价者在活动过程中的努力程度和进步状况，没有将整个教学过程看作一个动态的过程，没有关注在这个过程中学生的变化和发展。

第三，评价主体单一，基本形式是教师评价，学生被评价，而没有将家长、学校、社会等纳入评价的主体中，也忽视学生自评和学生互评、小组评价等形式，未能使评价主体多元化。

第四，评价标准单一，标准设置得不科学，标准过于笼统，忽略了学生之间的个体差异。

第五，评价内容片面，评价的主要内容为学生的学习情况，而忽视对学生能力的评价，包括对学生的团队合作精神、创新精神，学生实践能力、动手能力以及学生的心理素质等其他方面综合素质的评价；或者也想对以上诸方面进行评价，但缺乏有效的评价工具和方法。

第六，评价方法单一，主要还是以纸笔测验为主，以分数量化评价为主，而忽视一些新型的评价方法，如采访与座谈。

第七，对评价结果的使用不充分，特别是忽略了评价的激励与发展功能，使评价的激励、调控、发展功能得不到充分发挥。

第二节　初中英语学习评价的原则

初中英语教学的重要目标是让学生掌握语言知识、语言文化背景，培养文化意识。因此在教学过程中，必须培养学生的合作意识、创新意识，让学生学会自主学习。与之相对的，在初中英语教学评价的实践中，我们也应该着重对这些方面进行评价，及时向学生和教师提供反馈，做出调整，促进发展。

兴趣是最好的老师。因此，教学评价也应该以有利于激发学生的学习兴趣为目的。评价形式可以多样化，但是评价的规划必须坚持一定的原则，主要包括以下原则：

一、科学性原则

评价不仅包括对学生英语语言知识的掌握、语言技能的培养方面的评价，还应包括学生在学习过程中培养的文化意识、交际能力、价值观等的发展情况方面的评价。要重视评价的科学性，评价不应只反映静态的结果，还应该反映出贯穿整个教与学中动态的学习过程。采用形成性评价和终结性评价相结合的方法就能为此提供保障。评价方式可以是测试型的，也可以是非测试型的。测试型的评价在题目的设置上也应该更加科学，降低客观题的比例，适当增加主观题的比例，并且注重创设语境，重视对学生语言实际运用能力的检测。评价应力求做到操作程序规范，检查手段科学，评价结果公开、准确、可信。

二、导向性原则

评价应该有利于发展核心素养。英语课程要培养的核心素养包括语言能力、文化意识、思维品质和学习能力。因此，在重视测试型评价的前提下，也要通过非测试型评价，包括成长记录袋、学习档案等形式，在一个长期的学习过程中，培养学生的学习兴趣，让学生保持积极的态度，了解自我发展的过程，增强目标意识。

形成性评价重视学生学习的过程，关注学生在这一过程中的努力和付出，及时对学生的进步和发展做出反馈，能够增强学生的自信，又能及时反映学生在学习过程中存在的问题，教师依此可以做出相应调整，形成性评价应该成为初中英语课堂评价的一个发展重点。这也为初中英语课堂评价提出了一个方向：关注学生的近期发展和长远规划，关注学生的学习过程。这一导向性原则将使评价成为促进学生发展的有效手段。

三、多样性原则

评价应该具有多样性，评价的主体是多样性的，评价的形式也可以是多样性的。评价的形式可以是传统的教师对学生的评价，也可以是学生对自己的评价、学生对同伴的评价、学生与教师共同参与的评价。教师在评价之初将评价的原则和标准告知学生，评价的具体实施可以充分调动学生的积极性，形式可以多样化，如调查表、学生成长档案等，要充分发挥学生的参与意识、合作意识，培养其创造性和实践能力。

四、可行性原则

在实施评价的具体过程中，要结合形成性评价和终结性评价，在评价的具体操作中必须简便易行，尽量避免让评价成为教师和学生的负担。在实施评价的过程中，应改变平时单纯由教师抽背单词、抽背课文、听写、写作等学生被动完成任务的形式，要尽可能地给学生自主权，让学生主动完成学习任务，提高学生的主动性和自我评价的意识，这样就不会给师生增加负担。在实施评价的过程中，教师要根据本班学生的实际情况，制订切实可行的评价实施方案，具体实施方法力求灵活实用，具有可操作性，避免烦琐复杂和形式化，也就是注意科学性和可行性相结合，评价形式和评价内容都要从学生的实际出发，做到适度、简明、可测，以利于评价的顺利开展。

五、阶段性原则

阶段性原则是指在评价过程中，应该注意根据不同学段教学目标、教学要求、教学侧重点以及不同年级学生的生理、心理特点，对评价的形式和内容做出适当的调整。阶段性评价还指相对即时性评价（即在学习一篇课文之后，就这篇课文的一些核心问题即时提问学生，请学生当场回答，以此了解学生对这篇课文的理解、掌握情况，即时评价能即时发现问题和缺漏，从而及时解决问题）而言的阶段性评价，比如学习一个单元之后，让学生运用本单元所学的方法去阅读、分析、理解，考查学生对本单元的掌握情况。实施评价阶段性原则教师能更好地完成教学任务，帮助学生取得阶段性的学习成果。

第三节　初中英语学习评价设计

在英语教学中，课堂是教与学发生的场所，也是评价发生的主要场所。在课堂上，教师应随时对学生的课堂表现做出评价，根据反馈的信息调整教学计划，设计教学活动。在课堂活动中，学生的学习、学生的课堂活动、教师的指导、教师的总结，都可以成为收集、整理评价信息的过程。在这个过程中，教师应该积极调动学生的主观能动性，鼓励学生通过自我评价、相互评价、教师评价和合作评价，富有创造性地进行学习。

一、学生自我评价

学生通过自我评价可以掌握评价技术，增加教师的评价信息。为了准确地评价自己，学生应了解评价自己成绩的依据。自我评价可以是随意性的，如"我这样理解……"，也可以很正式，如学生分析自己的成绩及知识掌握情况。学生可以用检测表来给自己排名，或依据标准来衡量自己的表现。有效评价要求学生的投入，使他们看到反思和重新开始的可能性以及对他们努力学习的肯定。学生需要理解自我评价的重要性，需要独立地评价自己的学习状态并需要为下一步的学习制定目标，在整个自我评价过程中，学生需要教师、家长以及同学的支持。

刚开始进行自我评价时，教师可以引导学生只评价自己学习的某一个方面，逐渐摸索出适合自己的自评技巧，建立自己的一套自评体系。如学生首先可以对自己的基本阅读能力进行评价：阅读前思考是否熟悉阅读材料，预测故事发展趋势，揣摩材料主旨，阅读后是否总结自己的阅读技巧，阅读时间控制得是否合理，等等。自我评价的内容包括写作能力、听说能力等。教师应该时刻记住学生自我评价是一个"过程"，需要随时引导学生。自我评价不是仅仅完成表格或评价表，而是对一种新技能的学习。

学生自我评价可以鼓励学生思考，让学生看到自己的成绩和不足，让他们对自己的学习负责，变被动学习为主动学习；教师在鼓励和引导学生自我评价的过程中也可以促进学生进行反思，端正学习态度，确立自己的发展方向。

二、学生互相评价

在学生的学习过程中，他人的肯定和认可有利于激发他们的学习兴趣，增强自信心。因此，学生之间的互相评价就显得尤为重要。在学生互评中，学生之间需要建立真诚合作的关系，也需要教师提供榜样，做出正确引导，展示优秀的范例。学生互评可以通过设计一系列的简单活动来逐步进行。先帮助学生培养相互间的默契程度，让他们相互信任，然后再组织学生在友好的氛围中发挥各自所长，共同完成一项任务。可以从游戏类的课堂活动开始，逐步过渡到一些比较正式的评价方式。在学生互评之前一定要制定规则，维持一种和谐友好互利的氛围。评价一定要根据事实进行，不能仅凭个人喜好，更不能进行人身攻击。

比如在写作课堂上引导学生进行互相评价。有别于传统的写作，此次将学生分成四人一组，采用小组写作的形式。写作的题目是"My New School"，在写作之前，给每个小组 20 分钟的时间自由讨论，讨论过程要求进行明确分工，一个学生负责记录，小组一起讨论。讨论结束后，每个小组有 30 分钟的写作时间，时间结束后上交作文。作文上交后，发给每个小组一张表格，要求学生对自己和小组其他成员在此次作文中的表现做出评价。评价的内容：

·你如何评价你们的小组作文（与你的独立作文相比较）；

·你觉得你们小组中谁是组织者；

·你在这次小组作文中担任什么角色(a. 组织者；b. 记录者；c. 设定结构者；d. 细节提供者)；

·通过此次作文，你发现你在写作中比较擅长什么；

·通过此次作文，你发现你在写作中还需要在哪方面努力，你们小组谁在此方面比较擅长，你以后将如何努力。

通过这样一次课堂活动，学生可以明显发现自己的长处，得到同伴的肯定，获得自信；同样也可以通过合作了解自己还存在的不足和发展方向。在课后与同学的交流中，有的学生发现了自己以前不知道的某方面的优势，也有的学生明确了自己可以学习的目标和奋斗的方向。学生普遍反馈受益匪浅，而小组作文的质量也比以前的独立作文水平有了较大的提高。

三、教师评价

教师评价一直以来在学生课堂评价中占据重要的地位。教师作为课堂活动的组织者和监督者，对于整个教学活动起着监督、调控的作用。现在我们提倡让学生成为评价的主体，鼓励学生自我评价和互相评价，但是，这也需要和教师评价结合起来。在单纯的教师评价过程中，教师是观察者、记录者、信息收集者；而在学生的互评和自评中，教师应该是整个评价的引导者，在评价进行之前制定评价标准，明确评价目标；在评价进行过程中，教师又是评价的示范者和管理者，为学生提供良好的评价范本，引导学生进行正确评价，维持整个评价过程中的友好氛围。在评价结束后，教师又是评价的总结者，要组织学生对评价反馈的信息进行反思，评价学生的发展，引导学生制定目标。

教师评价的语言应该做到有针对性，让学生及时获取有效信息。教师评价可以是课堂上简单的几句点评，可以是学生作业本上的批注，也可以是教师与学生的对话或座谈后的记录，长期来讲还可以采用学生学习档案或各种评价量表的形式。

在形成性评价中，非正式评价必不可少，因为它可以随时给学生提供反馈。非正式评价和正式评价相辅相成，其作用应是同样重要的。但它不应作为唯一的评价方式，而且需要教师具备良好的职业技能。

四、合作评价

在课堂教学中，教师和学生是一个有机合作的整体。同样，在课堂表现的评价过程中，教师和学生也可以共同为评价做出贡献，通过建立学生学习档案共同记录学生的成长过程。

学生档案（Student Portfolio）用于收集学生一个阶段或一个学期的学习成果。可根据复杂程度和目的分为6个步骤：收集（Collecting）、反思（Reflecting）、评估（Assessing）、精选学习作品（Documenting）、思考（Thinking）和评价（Evaluating）。通过建立学生档案，学生可以对一个时期内的学习内容进行总结，改进自己的学习，对自己的发展过程有明确的了解，从中摸索出适合自己的学习规律，找到适合自己的学习策略。

有关学生的学习行为表现的评价，在讨论完评价的主体后，进入评价工具部分：教师到底可以采用什么样的形式来对学生的课堂表现进行评价。教师通常使用的对学生课堂行为表现的评价工具有课堂观察、学生档案、座谈、周记、问卷和采访等。这些评价工具的使用都是为了更好地指导教学，促进学生的发展。观察是评价学生的学习行为和技巧的基础；建立学生档案可促进学生主动记录自己的进步和发展；座谈、周记、问卷和采访可让学生畅所欲言，及时提供反馈，并及时对自己的学习情况进行客观评价，及时收集信息。

1. 观察

观察是课堂教学评价的一种基本方式。教师通过对学生的日常表现进行观察，包括对学生在课堂上的听、说、读、看、写等练习中的表现和在课堂各种游戏活动中的表现，教师可以及时、自然地了解学生在学习上的进步。通过观察，教师可以了解学生的兴趣点，及时调整课堂活动内容；也可以了解学生的学习策略，及时调整教学方法。

观察包括非正式和正式两种。前者是指对学生某一方面的行为规范观察，后者则是指采用标准化的观察方法。观察可以随时进行，但也需要按照系统的方法进行，以保证其客观性。教师要明确评价内容，根据想要评价的特定目标，采取各种观察法，把偏见规避到最小化。

在初中英语教学的课堂中，教师可以观察学生单独、一对一或分组执行任务时的表现。教师和学生可以通过一个任务和游戏来评价学生分类、记录和描述的能力。如当学生两人一组时，一个学生描述一堆物品中的一个形状，另一个学生把它找出来。在这一游戏的过程中，教师可以评价学生对单词的记忆能力、用所学语言记录和描述物品的能力以及学生之间的默契配合能力等。

在观察之前，教师可以对观察做出计划：观察的目的是什么，通过观察要达到什么样的结果；在观察的过程中对于教与学有没有需要注意的地方；观察的对象是一个学生、一组学生还是全部学生；观察是在特定教学活动中进行还是在日常教学活动中进行；观察的是学生的单次课堂表现还是一段时间的课堂表现；观察如何进行记录等。

2. 学生档案

学生档案可以是作业、项目报告、作文和检测结果等。资料可以是文字材料、图片材料、音频材料和视频材料等，只要能用于反映学生的核心素养的变化过程即可。收集学生学习档案有很多方式，如果决定进行学生档案评价，教师就应该在新学年一开始就定出大致方向，比如使用学生档案的目的是什么、要收集什么样的资料以及如何收集等。

在初中阶段的英语教学中，逐步培养学生的写作能力是一项重要的能力要求。在这个阶段，学生的写作能力是从无到有、从低到高的，因此，通过帮助学生建立写作档案，就可以对学生的写作能力的发展进行系统性的记录和评价。这时对写作档案的要求就是要全面展示学生的写作过程。可以要求学生在一个相对较长的时期内(如八年级到九年级)，每隔一定的时间(如一个月)选择一定的项目进行收集。选择的项目：一篇重要的写作，包括选择这篇作品的原因以及完成的经历和感受；一篇满意的作品和一篇不满意的作品，附上学生对这两篇作品的思考，以及对不满意的作品的改进意见；一篇常规作品的写作经历，反映学生的写作过程；一篇随机作品以及它的入选理由。学生档案的收集需要一定的时间，在这段时间学生可以更改他们的选择，教师也应该教会学生用批判的眼光看待自己的作品，并向学生解释如何收集和使用这些资料。

教师在评价学生档案的过程中，也需要依据一定的标准：内容必须能够反映学生在一个学习阶段中取得的学习成果；材料是否具有代表性；材料是否组织得好；档案是否清洁易读，具有保存性。教师应该尽力支持学生学习持续使用档案评价的方式，坚持收集学生作业，为以后的教学计划和学生反思提供材料。在一段时间内教师应该安排学生进行学习档案作品回顾。这样可以帮助教师发现学生何时需要指导，帮助学生看到自己的进步，设定学习目标，帮助家长了解学生的成长和需要。

3. 座谈

座谈是教师和学生之间的谈话。座谈通常作为非正式评价的一种方式，可以反映学生的进步情况并给学生和教师提供反馈。在讨论中，教师可以发现学生对他们自己进步情况的看法，有助于找到学生在某些方面取得成绩的原因，帮助学生找到有效的学习方法。座谈的形式多样，可以在课堂教学过程中穿插进行，可以在课前进行，通过及时的反馈进行教案设计，也可以在课堂教学结束后进行，了解学生的掌握情况和遇到的困难等，为下一步的教学做好准备。

第四节　初中英语学习评价的实施

教师是实施学生学业评价的主导者，其相关教育理念与实践能力直接影响形成性评价的实施效果。为此，要提高教师的评价能力和评价效果，作为教师应努力做到以下几点：

一、树立科学的评价理念

科学的评价理念是有效实施学业评价的前提，是顺利实施形成性评价的重要保障。因此，教师必须积极通过以下几种途径更新评价理念。首先，教师应深入钻研《新课标》，深刻理解其中的教育理念与评价要求，使自身的评价行为与《新课标》的目标与要求相一致。其次，教师应不断加强评价专业理论知识的学习，及时了解学生学业评价的发展动态，吸纳新的学业评价方法，不断对评价实践进行梳理，提高评价能力。最后，教师应努力践行新的学业评价观，在日常教学过程中，经常进行自我反思与总结，使自身成为形成性评价的实施者与研究者。

二、拓展形成性评价的内容

英语作为交际工具，不仅需要学生具有扎实的语言知识，同时，理解目标语的文化观点与实践，熟练运用听、说、读、看、写等语言技能也是至关重要的。另外，针对任何一门学科的学习，掌握其学习方法与策略能起到事半功倍的效果；积极的情感和端正的学习态度也为学生的英语学习提供强大的动力。鉴于此，为真正提高学生的综合语言运用能力，教师不仅应评价学生的语言知识，还应评价学生对这些知识的运用能力，同时还应将对学生的英语学习策略、文化意识和情感态度的考查贯穿其中，将思想性、智力发展、知识性和工具性有机结合起来。

对于这些评价内容，教师还应将其与具体的语言使用情境相结合。例如：在考查学生的阅读理解能力时，应注重将文中的句子放在交际层面来考查，而不是单纯地评价学生对每个句子意思的浅层理解。总之，教师在确定英语学业评价内容时，应以《新课标》和教材为依据，同时还应兼顾英语教学目标和教学任务。

三、综合使用多种评价手段

语言学习是一个动态、连续、日臻完善的知识建构过程。单一考查学生的学习结果，难以全面了解学生的英语学习水平，也不利于教师及时发现、补救学生英语学习中存在的不足。为此，教师应注重在学生英语学习过程中对其进行评价，并且采用多样化的评价手段，例如：课堂学习评估表、课堂学习活动评比表、访谈提纲、学习档案袋、表现性评价活动记录表、学生英语学习文字评述和各种主题的评价表（英语学习情况调查表、家庭平时英语学习评价表、英语小组学习活动评价表）等，全面展示学生的英语水平。

四、提倡多元评价主体参与

多元评价主体有助于提高评价信度，有利于使评价效果更加科学、合理，同时，也有利于调动各方积极性，共同促进学生的英语学习。多元评价主体应包括教师、学生、学生同伴和家长等。

对于学生作为评价主体，教师应首先克服认为学生不能很好地评价自己或同伴的心理，应该相信学生。教师应向学生讲明学生参与评价的积极意义，然后引导学生共同选取部分评价内容，制定评价标准。同时，要定期通过问卷、自我评价量表等方式让学生进行自评与自我反思，随后，教师应抽查实施情况，仔细检查学生的自评与反思结果，在必要时还应给予适当的帮助以及反馈意见，逐步培养学生的自我评价、自我纠错的能力。另外，教师还要多组织小组活动，加强学生之间的互评。

邀请家长参与学生学业评价时，首先，教师可以向家长展示学生的阶段性成果，引起家长对形成性评价的注意，并应通过家长会、座谈会、宣传单与广告栏等方式向家长宣传形成性评价的意义；其次，邀请有能力的家长参与形成性评价的内容与方法的制定讨论，广泛听取家长的意见；最后，可以通过家校平台及时与家长交流学生在校与在家的学习表现，充分发挥家长的辅助、监督作用。

五、提高评价反馈信息的质量

评价反馈是形成性评价的重要组成部分，对形成性评价的效果起着至关重要的作用。要为学生提供高质量的评价反馈信息，教师应力求做好以下几点：

·给予反馈要及时；

·反馈信息要全面、客观；

·反馈信息要具体，以描述性语言为主；

·不要苛刻地、一味地当场纠正学生的语言错误；

·对于学生语言输出中的错误，要更多地关注意义而非形式；

·结合学生特点，给予个性化的反馈；

·指出不足的同时给予具体的改进建议；

·利用评价反馈信息补救学生学业的不足以及调整教学计划。

总之，为了更好地发挥形成性评价的积极作用，教师应采用多种评价手段，设计出更加清晰、细致、可操作性强的评价标准，创设广泛的情境（即教师应评价学生的某一方面在多种情境下的使用与掌握），针对英语学习的各个方面，持续收集评价信息。

六、对教育行政部门与学校管理层面的建议

教育行政部门与学校管理层面对于形成性评价的顺利开展至关重要，建议有关部门与学校管理层面密切配合，帮助教师有效开展形成性评价。

第一，要真正转变教师对形成性评价方法的认识和以往的评价观念，就必须加强教师对形成性评价的认识与理解。为此，应通过培训班、邀请高校评价专家或教学专家通过专题讲座、案例分析等方式，帮助教师对形成性评价进行深入了解。另外，学校教学管理者应给予教师一定的讨论、研究、制定形成性评价体系的时间，一旦教师对形成性评价有了深入的了解，又能熟练使用时，形成性评价就不再是一个负担。

第二，由于形成性评价在我国属于新型评价方式，其应用正处于起步阶段，因此，需要教育领域的各界人士继续深入地对其进行研究，不断探讨形成性评价的实施策略。

第三，针对英语教学中的形成性评价实施情况做不定期检查与监督，既要督促教师深入开展形成性评价，又要及时了解教师在实施过程中遇到的困惑，帮助教师解决问题，以提高形成性评价实施的有效性。

第四，教育行政部门应加大资金与技术投入，努力构建符合英语教学目标、促进学生英语能力发展与课程不断完善的评价体系。

主要参考文献

［1］王珍珍.问题链在初中英语阅读教学中的有效运用［J］.亚太教育,2023(11):136-138.

［2］王晓羽."双减"政策背景下初中英语教育面临的问题与出路［J］.理论观察,2022(12):162-166.

［3］潘雪红.初中英语课堂教学常见问题分析及教学活动优化实践［J］.英语广场,2022(33):127-131.

［4］杨雅.教育信息化在初中英语教学中的应用探究［J］.中国新通信,2022,24(22):200-202.

［5］侯立敏.初中英语教育教学中的语法教学分析［J］.海外英语,2022(21):155-156.

［6］孙卉.初中英语优质高效课堂构建——评《初中英语课堂教学关键问题研究》［J］.中国教育学刊,2022(10):132.

［7］尹雪霓.计算机辅助教学在西部边远地区初中英语教学中的问题及策略——以四川省青川县为例［J］.绵阳师范学院学报,2022,41(07):49-55.

［8］冯拴强.核心素养背景下农村中学英语教学存在的问题及策略［J］.河南农业,2022(12):15-16.

［9］张宇,谭晓燕,陈传显.乡镇中学英语教学问题与对策——以常德市Y中学为例［J］.统计与管理,2022,37(04):50-57.

［10］李晨圆，游玉祥．初中英语听力教学的问题与对策［J］.海外英语，2022(04): 79-80.

［11］李淑梅．提高英语读写能力的几点策略［J］.现代农村科技，2022(02): 91.

［12］费珍豪．初中英语语法教学存在的问题与对策［J］.现代农村科技，2022(02): 93-94.

［13］涂丽琴．以英语阅读问题链　链接正确思维路径［J］.福建教育学院学报，2021, 22(12): 37-38.

［14］胡康斐．思维导图在初中英语教学活动中的有效应用分析［J］.品位·经典，2021(19): 167-169.

［15］夏承利．初中英语混合式教学模式的问题及对策研究［J］.海外英语，2021(16): 205-206.

［16］汪立军．农村初中英语教学中情境教学的研究［J］.科学咨询（教育科研），2021(07): 252-253.

［17］李阳，姚丽梅．新时代背景下网络与课堂相结合的初中英语教学培养模式探究［J］.经济师，2021(06): 178-179.

［18］陆丰．初中英语教学中"主问题"链的思维维度设计［J］.教学与管理，2021(13): 44-47.

［19］陈雪，王悦．基于教育理论开展初中英语高效教学分析［J］.海外英语，2021(08): 186-187,199.

［20］王迪．浅谈"问题链"教学模式在初中英语阅读教学中的设计与运用［J］.海外英语，2021(02): 195-196.

［21］姚盛春．探讨基于问题链教学的初中英语阅读思维品质培养［J］.英语广场，2020(36): 131-133.

［22］王孟影．对初中英语词汇教学方式单一问题的思考［J］.丝路视野，2019(24): 83.

［23］胡小春.初中英语阅读教学存在的问题及策略探究［J］.新时代教育，2021，000(001): 1.

［24］杨梅.中职英语词汇教学存在的问题及改革策略探析［J］.创新创业理论研究与实践，2020, 3(16): 17-18.

［25］石莉平.新课改背景下初中英语阅读教学的问题与对策［J］.海外英语，2020(13): 114-115.

［26］雷美春.初中英语词汇教学存在的问题与改进对策［J］.科学咨询（科技·管理），2020(07): 204.

［27］张晶静.谈新课程背景下初中英语教学中的问题及对策［J］.科技资讯，2020, 18(17): 142,144.

［28］李小红.初中英语口语教学中存在的问题及措施研究［J］.才智，2020(16): 182.

［29］宋淑华.英语词汇学习中的困难与对策初探［J］.科学咨询（科技·管理），2020(06): 155.

［30］夏宝秋.核心素养背景下初中英语听力教学中的问题及对策［J］.英语广场，2020(15): 100-103.

［31］张孝喆.浅谈初中英语课堂中存在的问题及对策［J］.才智，2020(15): 78.

［32］吕佐龙.浅析初中英语语音教学普遍存在的问题及对策［J］.科学咨询（教育科研），2020(05): 165.

［33］杨春迎.问题引导法在初中英语阅读教学中的应用探讨［J］.才智，2020(13): 28.

［34］殷录峰，王瑜.互动教学在初中英语教学实践中的运用［J］.才智，2020(13): 71.

［35］姜辛卓.中学英语阅读教学的问题与对策研究［J］.知识经济，2020(15): 176-177.

［36］汪洁.以问题解决为导向的初中英语阅读教学研究［J］.英语广场，2020(11): 126-130.

［37］张雅洁.初中英语任务型阅读中存在的问题及对策［J］.科学咨询（科技·管理），2020(04): 189.

［38］李余华.浅谈初中英语听力教学中问题的解决对策［J］.才智，2020(09): 79.

［39］顾海霞.牛津译林版初中英语听力教学问题探究［J］.华夏教师，2020(07): 38-39.

［40］陶建华.新课改下初中英语教学中存在的问题及对策［J］.科技资讯，2020, 18(04): 188,190.

［41］高艳梅.初中英语阅读教学策略探索［J］.产业与科技论坛，2020, 19(03): 181-182.

［42］方婉宁.刍议初中英语课堂教学存在的问题及优化对策［J］.英语广场，2020(03): 125-126.

［43］彭杨.初中英语教学中中国文化缺失问题研究［J］.英语广场，2020(02): 121-122.

［44］贾宁.试论"互联网＋"时代初中英语信息化教学［J］.中国新通信，2020, 22(01): 161.

［45］张祺帆.中小衔接视角下初中英语词汇教学面临的问题［J］.西部素质教育，2019, 5(24): 233-234.

［46］熊桂梅.提高初中学生英语阅读能力的几点建议［J］.亚太教育，2019(11): 121.

［47］钱小莹.初中英语听力训练中存在的问题与改进措施探索构架［J］.现代经济信息，2019(20): 400.

［48］陈峰.初中英词汇教学中存在问题与对策［J］.福建教育学院学报，2019, 20(09): 37-38.

［49］吴滢 . 基于发展思维品质的初中英语阅读课问题链设计［J］. 基础外语教育，
　　　2019, 21(04): 83-88,108.

［50］刘大志 . 浅析初中英语作文常见问题与对策［J］. 英语广场，2019(09): 145-
　　　146.

［51］易军方 . 中职学校学生英语学习存在的问题及对策分析［J］. 华夏教师，
　　　2019(23): 73-74.

［52］陈赛珠 . 试论初中英语词汇之趣味教学［J］. 英语广场，2019(08): 166-167.

［53］郝慧聪，曹广涛 . 初中英语教师课堂教学行为存在的问题及改进策略［J］.
　　　开封教育学院学报，2019, 39(07): 224-225,235.

［54］陈玫 . 初中英语教学中培养学生写作能力存在的问题及对策探讨［J］. 才智，
　　　2019(16): 213.

［55］高欢，贺娟，杨秀艳等 . 中学英语教育与教学［J］. 教育与教学研究，2019,
　　　33(05): 95-128.

［56］杜亚琳 . 思维导图在初中英语阅读中的教学研究［J］. 佳木斯职业学院学报，
　　　2019(05): 166,168.

［57］葛世平 . 初中英语小组合作学习中出现的问题及应对建议［J］. 英语广场，
　　　2019(04): 152-153.

［58］王琦 . 英语朗读训练存在的问题及强化策略［J］. 教育观察，2019, 8(08):
　　　119-120.

［59］张娴 . 初中英语分层跑班教学的实施和问题［J］. 科学大众（科学教育），
　　　2019(02): 25.

［60］姚瑞侠 . 初中英语教学的问题与对策［J］. 中国新通信，2019, 21(04): 168.